Sarah Pohl / Mirijam Wiedemann

Zwischen den Welten:
Filterblasenkinder verstehen und unterstützen

VANDENHOECK & RUPRECHT

Bibliografische Information der Deutschen Nationalbibliothek:
Die Deutsche Nationalbibliothek verzeichnet diese Publikation in der
Deutschen Nationalbibliografie; detaillierte bibliografische Daten sind
im Internet über https://dnb.de abrufbar.

© 2023 Vandenhoeck & Ruprecht, Robert-Bosch-Breite 10, D-37079 Göttingen,
ein Imprint der Brill-Gruppe
(Koninklijke Brill NV, Leiden, Niederlande; Brill USA Inc., Boston MA, USA;
Brill Asia Pte Ltd, Singapore; Brill Deutschland GmbH, Paderborn, Deutschland; Brill Österreich GmbH, Wien, Österreich)
Koninklijke Brill NV umfasst die Imprints Brill, Brill Nijhoff, Brill Hotei,
Brill Schöningh, Brill Fink, Brill mentis, Vandenhoeck & Ruprecht, Böhlau,
V&R unipress und Wageningen Academic.

Alle Rechte vorbehalten. Das Werk und seine Teile sind urheberrechtlich
geschützt. Jede Verwertung in anderen als den gesetzlich zugelassenen Fällen
bedarf der vorherigen schriftlichen Einwilligung des Verlages.

Umschlagabbildung: xavier gallego morell/Shutterstock

Satz: SchwabScantechnik, Göttingen
Druck und Bindung: ⊕ Hubert und Co., Göttingen
Printed in the EU

Vandenhoeck & Ruprecht Verlag | www.vandenhoeck-ruprecht-verlage.com

ISBN 978-3-525-45923-2

Inhalt

Vorwort 9

Zwischen den Welten 11

Erster Teil: Weltanschauungen und Filterblasen im Kindes- und Jugendalter 19
Hineingeboren oder selbst gewählt? 19
Filterblasenkinder 20
Glaube heute 23
Glaube 2.0: Neuere Entwicklungen des weltanschaulichen Marktes 24
    Psychosoziale Aspekte 27
    Jugend ohne Gott? Glaube von Kindern und Jugendlichen heute 29
    Radikalisierung – ein Privileg der Jugend? 32
    Kritische Anmerkungen zum Sektenbegriff 40
    Filterblase analog und digital 42
Chancen und Risiken der Filterblase 46
    Spirituelle Entwicklung oder Schwarz-Weiß-Denken 49
    Gesund oder ungesund? 50
    Rudelzugehörigkeit oder Beziehungsverlust? 51
    Selbstkontrolle oder Überforderung? 52
    Innenwelt versus Außenwelt 53
    Stärkung der Familie oder Zerreißprobe? 54
    Zugehörigkeit oder Gruppenzwang? 56
    Gehorsam gegen Autoritäten: Schattenseiten und Vorteile . 57
Religiöse Sozialisation und Erziehung 57
    Strafend, bedrohlich, verfolgend? Die Problematik der Gottesbilder 60
    Negative Wirkung auf Moralvorstellungen und Selbstkontrolle 62

Rechtliche Rahmenbedingungen 64
Religionsmündigkeit vs. Erziehungsverantwortung 64
Vorsicht Kindeswohlgefährdung! 66
Die Geborgenheit der Filterblase 71

Zweiter Teil: Lebensgeschichten 75
Vorbemerkungen 75
Der Sohn des Gurus 77
God is watching you 78
Mama meditiert 79
Zwischen den Stühlen 80
Die Auserwählte 81
Angst 82
Strafe und Schmerz 83
Außenseiter 84
Geistiger und seelischer Missbrauch 85
Unterforderung und Bildungsfeindlichkeit 86
Überforderung 87
Vernachlässigung 88
Vereinfachtes Weltbild 88
Zerrissenheit 89
Fazit 90

Dritter Teil: Was tun? 91
Überblick 91
Filterblasenkinder in der Schule 92
Wenn Pädagogik an die Grenzen stößt 92
Fallbeispiele 93
Allgemeine pädagogische Überlegungen 98
Der Blick auf das Kind 102
Rolle des Pädagogen/der Pädagogin 104
Elterngespräche führen 106
Positive Gruppenerfahrungen im Klassenzimmer 108
Filterblasenkinder in der Familie und im Freundeskreis 109
Tipps für Angehörige 109
Jugendliche auf weltanschaulichen Abwegen? 111
Paare und Familien zwischen den Welten 113

Filterblasenkinder in der Beratung bzw. Therapie 119
 Ein Filterblasenkind will aussteigen 120
 Ausstieg oder Ausschluss aus einer selbst gewählten Gruppe ... 124
 Die Worte einer Aussteigerin – Erste-Hilfe-Kiste 128

Schlusswort 131

Literatur 133

Vorwort

Glaubens-, Religions- und Weltanschauungsfreiheit gehören zu den zentralen Privilegien von Menschen in rechtsstaatlichen Systemen. Jeder Mann und jede Frau hat das Recht, ohne staatliche Bevormundung und Beeinflussung zu entscheiden, an was er bzw. sie glaubt oder nicht glaubt. Und weiter: Jeder hat das Recht, darüber zu befinden, in welchen sozialen Zusammenhängen er verkehrt, wie er sich ernährt, mit welchen medizinischen und alternativen Verfahren er sich behandeln lässt. Und so weiter. Die genannten Facetten sind Ausdruck von Freiheit und eine Errungenschaft der modernen Welt, die man nicht zu gering schätzen darf.

Freiheit hat freilich auch eine korrespondierende zweite Seite, nämlich die Herausforderung, mit den enormen Freiheitsgraden, die die moderne Welt bietet, umgehen zu können. Das heißt konkret: mit den Gefahren zurechtzukommen, die von den verschiedenen weltanschaulichen, religiösen und politischen Angeboten, Wirklichkeitskonstruktionen sowie Narrationen ausgehen.

Es liegt auf der Hand, dass die Gefahren, die mit weltanschaulichen und religiösen Angeboten verbunden sein können, größer geworden sind und mutmaßlich größer werden. Soziale Netzwerke mit den darin enthaltenen Echokammern und die Fragmentierung moderner Gesellschaften wirken wie Katalysatoren des Gefährdungspotenzials. Die Gefahren können erheblich sein: für die körperliche und mentale Gesundheit, für die ökonomische Situation der Betroffenen, deren familialen und sozialen Zusammenhalt – letztlich für all das, was Freiheit ausmacht.

Für staatliche und parastaatliche Akteure, die dem Schutz vor entsprechenden Gefahren verpflichtet sind, ergeben sich schwierige Herausforderungen. Der Staat hat in religiösen und weltanschaulichen Angelegenheiten blind zu sein. Er muss es bis zu einem bestimmten Grad akzeptieren, wenn Bürgerinnen und Bürger Wege einschlagen, die von der Mehrheit der Gesellschaftsmitglieder als Irrwege gesehen werden. Er muss es auch hinnehmen, dass Menschen aufgrund ihrer Entscheidung über ihre individuelle Weltsicht unglücklich werden. Auch dies ist Ausdruck von Freiheit. Gleichzeitig sind die staatlichen und parastaatlichen Akteure und deren zivilgesellschaftliche Partner aufgefordert, Menschen, die Unterstützung suchen – in eigenen Angelegenheiten und in denen ihrer Freunde und Familie –, Beratung anzubieten. Dies ist keine einfache Aufgabe, weil das entsprechende Angebot heute höchst vielfältig und dynamisch ist. Die genannten Akteure arbeiten hier eng zusammen und müssen eng zusammenarbeiten, um den Entwicklungen gerecht werden zu können.

Das vorliegende Buch fasst die aus wissenschaftlichem Diskurs und praktischer Erfahrung generierten Erkenntnisse über das bunte Spektrum von Weltanschauungen und Religionen, die die Menschen häufig tragen und manchmal destabilisieren, zusammen. Es möge eine gute Hilfestellung sein für alle diejenigen, die in diesem heterogenen Feld tätig sind.

Prof. Dr. Michael C. Hermann

Zwischen den Welten

Wer mit Kindern und Jugendlichen arbeitet, sei es im therapeutischen oder pädagogischen Kontext, wird ihnen irgendwann einmal begegnen: den »Filterblasenkindern«. Kindern und Jugendlichen wie zum Beispiel Jan[1]. Jan wächst in einer streng religiösen Gruppierung mit engen Verhaltensvorschriften und wenig Bezug zur Außenwelt auf. Nicht nur Jans Lehrer sind in Sorge, weil sie beobachten, dass er zunehmend Schwierigkeiten hat mit dem Spagat zwischen den Ansichten der Gruppe und den Werten und Normen, denen er in der Schule begegnet. Auch Jans Großeltern fragen sich, wie sie helfen können. Sie sehen, dass Jan an dem Spannungszustand zwischen den unterschiedlichen Lebenswelten, in denen er sich bewegt, leidet und zu zerbrechen droht.

Dieses Buch richtet sich an all jene, die mit »Filterblasenkindern« in Kontakt sind. Denn oft erreichen uns seitens Angehöriger, Freunde, Lehrerinnen oder Therapeuten Fragen zu dieser besonderen Situation. Wie kann man beispielsweise Kindern und Jugendlichen helfen, die überlegen, »auszusteigen«? Was sollte man als Angehöriger tun oder besser lassen, wenn man beobachtet, dass Kinder von ihren Eltern zunehmend in eine Filterblase gezogen werden? Und wie kann der pädagogische Alltag in der Schule so gestaltet werden, dass es gelingt, auch diesen Kindern Teilhabe und Integration zu ermöglichen? Mit solchen und ähnlichen Fragen wollen wir uns hier beschäftigen.

»Zwischen den Welten« leben heutzutage viele Menschen! In unserer Gesellschaft gibt es nicht mehr den *einen* Wert- und Normkonsens, sondern wir alle bewegen uns in mehr oder weniger unterschiedlichen Lebenswelten, werden beeinflusst und beeinflussen.

---

1 Sämtliche Fallbeispiele in diesem Buch sind anonymisiert.

Wir können wählen aus einer Vielfalt von Werteoptionen und Weltanschauungen. Komplexität, Multioptionalität, Pluralismus sind nur einige Schlagworte, die den heutigen Wertekosmos kennzeichnen. Kinder werden in das Subsystem Familie geboren und wachsen heutzutage in sehr verschiedenen Milieus und Subkulturen auf. Gewissermaßen ist jede Familie für sich eine Bubble – die mehr oder weniger anschlussfähig ist an die Gesellschaft.

In dieser Publikation widmen wir uns Kindern und Jugendlichen, die in einer – wie auch immer gearteten – weltanschaulichen Filterblase aufwachsen oder sich zu einem späteren Zeitpunkt dafür entscheiden. Unter weltanschaulichen Filterblasen verstehen wir weitestgehend geschlossene Subsysteme, Gruppierungen oder Denkrichtungen mit spezifisch weltanschaulicher Prägung. Früher kennzeichnete man diese weltanschaulichen Subsysteme auch mit dem Begriff »Sondergruppe« oder »Sekte«. Wir wollen von diesen stigmatisierenden, unscharfen und zugleich wertenden Begriffen Abstand nehmen und gleichzeitig das Spektrum erweitern. Die gruppenpsychologischen und Sozialisationsprozesse in solchen geschlossenen weltanschaulichen Filterblasen sind teilweise sehr ähnlich, auch wenn sich konkrete ideologische Aspekte völlig unterscheiden. Denn sehr häufig entwickeln sich beispielsweise in Gruppierungen, die sich stark abschotten und exklusive Weltanschauungen verbreiten, hierarchische Strukturen und strenge Regeln, welche die Bindung an die Gruppe erhöhen, den Bezug zum Rest der Gesellschaft jedoch erschweren können.

Viel ist in Bewegung auf dem »Markt« der Weltanschauungen. Die religiöse Heterogenität steigt, die spirituelle Ausrichtung vieler Menschen wird individueller, die religiöse Kreativität nimmt zu. Die oben beschriebene Multioptionalität spiegelt sich auch in der religiösen Vielfalt unserer Gesellschaft. Wir leben in einer multikulturellen Gesellschaft. Globalisierung, Zuwanderung und kreative Formen moderner Patchworkreligionen lassen unsere Gesellschaft zu einem Schmelztiegel unterschiedlichster Glaubensüberzeugungen und Weltanschauungen werden. Vielerorts funktioniert das Nebeneinander ganz verschiedener Wert- und Normsystemen problemlos und kann im besten Fall sogar zu einer gegenseitigen Bereicherung werden. Denn gerade durch unterschiedliche Lebensentwürfe lernen Kinder Toleranz und können zu Weltbürgern und Weltbürgerinnen reifen.

Andererseits wirft diese Multioptionalität auch Schatten. Mit Risiken und Nebenwirkungen einer Sozialisation in solchen weltanschaulichen Subsystemen beschäftigen wir uns in diesem Buch. Es gibt nach wie vor radikalisierende Tendenzen, Gruppierungen, die sich abschotten, und Menschen, die in analoge und digitale Filterblasen abtauchen. Weltanschauliche Paralleluniversen entstehen, wenn Gruppierungen sich abwenden von gesamtgesellschaftlichen Werten, Feindbilder gepflegt werden und eine wertschätzende Kommunikation zwischen den Welten abreißt. Und dieser Prozess der Filterblasenbildung wird noch zusätzlich vorangetrieben durch die Digitalisierung und grundlegende Funktionsweise sozialer Medien und des Internets. Beispiele:

- Toms Eltern haben sich im Zuge der Pandemie radikalisiert, horten Lebensmittel, sind gemeinsam mit einigen anderen Eltern zusammengezogen und leben in ständiger Angst vor dem Weltuntergang. Tom ist sieben Jahre alt. Er war nicht im Kindergarten und kennt nur die von Ängsten dominierte Weltsicht der Eltern. Die Großeltern sind besorgt. Der ehemals fröhliche Junge wirkt ängstlich und zurückgezogen. Was können sie tun? Wie sollen sie sich verhalten?
- Eine Grundschullehrerin kontaktiert uns, weil sie Kinder aus einer, wie sie es nennt, Sekte in der Klasse habe. Sie macht sich Sorgen, weil diese Kinder wenig integriert seien und zu Außenseitern werden. Sie möchte wissen, was sie tun kann.
- Anne schildert, wie sie mit 17 Jahren aus der Gruppe, in welche sie hineingeboren wurde, ausgestiegen ist. Sie berichtet, wie schwer dieser Schritt für sie war und wie wenig sie sich damals von ihren Therapeuten und ihrem Umfeld verstanden fühlte. »Es bedeutet viel, in einer solchen Gruppe aufzuwachsen. Das zieht sich durch so viele Lebensbereiche. Das verstehen Außenstehende oft nicht«, sagt sie.

Diese drei Fälle verdeutlichen: Im Umgang mit Filterblasenkindern ist das Umfeld in besonderem Maße gefragt und herausgefordert. Kinder entscheiden sich im Gegensatz zu Erwachsenen nicht freiwillig für die Filterblase, sondern werden hineingeboren oder hineinerzogen. Bisweilen tauchen auch Jugendliche in radikalisierende Filterblasen ab. Dieses Thema werden wir ebenfalls streifen. Doch vor allem soll es um ebendiese Kinder gehen, die hineingeboren werden oder durch die Eltern in weltanschauliche Filterblasen hineingeraten. Von außen ist nicht immer nachvollziehbar, welche immensen Auswirkungen dies auf das Leben und die Entwicklung dieser Kinder haben kann. Im positiven wie im negativen Sinne. Denn manche Eltern funktionieren gerade auch durch die Geborgenheit der Filterblase besser in ihrer Elternrolle, etwa weil sie dadurch Stabilität erfahren.

Kinder aus weltanschaulichen Filterblasen stehen meist vor enormen Herausforderungen, wenn sie sich außerhalb ihrer Blase bewegen. Oft entstehen Probleme und Reibungen an der Schnittstelle »Schule«. Hier werden Unterschiede bewusst, Kinder können in einen Spannungszustand oder in Außenseiterrollen geraten.

Lara schildert dies rückblickend: »Ich habe nicht mitreden können, ich trug andere Kleider, ich war wie ein Alien von einem fremden Planeten. Meine Eltern erlaubten es nicht, dass uns fremde Kinder, die nicht zur Gruppe gehörten, besuchten. Ich durfte nicht an Schulausflügen teilnehmen. Ich war der totale Außenseiter.«

Doch nicht nur in der Schule können sich solche Spannungsfelder ergeben, sondern auch im innerfamiliären Umfeld. Beispielsweise wenn Eltern sich trennen und ein Tauziehen um die weltanschauliche Gesinnung der Kinder entsteht. Häufig kontaktieren uns verunsicherte Großeltern, Freunde, Paten mit der Bitte um Verhaltensstrategien oder dem Wunsch, den Kindern zu helfen.

Toms Großeltern waren beispielsweise in Sorge, weil Tom auch nach der Pandemie nicht mehr zur Schule geschickt wurde. Die Eltern hatten sich mit anderen »Freilernern« organisiert und waren abgetaucht. Der Kontakt zu den Großeltern war nur noch sehr eingeschränkt möglich. Sie beobachteten bei Tom besorgniserregende Verhaltensveränderungen. Aus dem ehemals unbeschwerten Jungen war ein zurückgezogenes, ängstliches Kind geworden.

Und zuletzt ergeben sich sehr besondere Situationen, wenn Filterblasenkinder sich entscheiden, die elterliche Bubble zu verlassen. Diesen Prozess schildern viele als extreme psychische Belastung. Denn in vielen Fällen bestehen kaum Kontakte in die Außenwelt, die Entscheidung gegen die Gruppe ist gleichzeitig auch eine Entscheidung gegen die Familie, da in manchen geschlossenen und rigoristischen Gruppierungen ein Kontakt zu »Abtrünnigen« nicht gestattet ist.

Grundsätzlich ist zu unterscheiden zwischen den »Hineingeborenen« und Jugendlichen, die sich aus freien Stücken für eine Gruppierung entscheiden.

Wir möchten Ihnen näherbringen, was es bedeutet, in eine Filterblase hineingeboren zu werden. Wir nutzen in diesem Zusammenhang immer wieder den Begriff der »Filterblasenkinder« und meinen damit Kinder, die hineingeboren wurden in eine ganz eigene elterliche weltanschauliche Filterblase. Neben stabilisierenden Effekten für das Individuum können sich auch konträre innerpsychische Wirkungen einstellen, abhängig von Ideologie, gruppendynamischen Aspekten und anderen Variablen. Das Abtauchen in Paralleluniversen kann diverse Risiken bergen. Gerade die Coronapandemie hat diese Problematik deutlich vor Augen geführt. Da gibt es überzeugte Verschwörungsgläubige, die ihre Kinder monatelang nicht mehr zur Schule schicken, oder Menschen, die sich von dem gesamten bisherigen Umfeld abwenden, und sich einer Gruppe, einem Coach oder einem Guru anschließen. Auch die Bindung an Gruppierungen, die einfache Leitlinien und Antworten liefern, hat zugenommen.

Grundlegend für die Auseinandersetzung mit den analogen oder digitalen Filterblasen und weltanschaulichen Subkulturen ist zunächst eine Analyse und Beschreibung des derzeitigen weltanschaulichen Terrains sein. Deswegen spüren wir im *ersten Teil* aktuellen Entwicklungen auf dem derzeitigen religiösen »Markt« nach. Es geht darum, welche Prozesse sich dort abzeichnen und was die aktuellen Erkenntnisse zu der Frage sind, welchen Bezug Jugendlich heute zu Religion haben. Weiter werden uns auch die Themen »Radikalisierung« und »Filterblasenbildung« beschäftigen. Denn viel, was über das Thema »Radikalisierung« bekannt ist, lässt sich auch auf religiöse Radikalisierung übertragen. Was hat man davon, in einer

Filterblase abzutauchen? Bringen geschlossene weltanschauliche Subsysteme möglicherweise auch Vorteile mit sich? Zugehörigkeit zu einer Gruppe, soviel kann schon jetzt gesagt werden, wirkt auf viele Menschen psychisch stabilisierend. Zudem stellen wir im ersten Teil auch einige rechtliche Fragen: Ab wann beispielsweise darf ein Kind sich selbst entscheiden, welcher Religion es angehören will oder nicht? Wo beginnt Kindeswohlgefährdung? Zuletzt reißen wir auch Fragen der religiösen Entwicklung und Erziehung an.

Im *zweiten Teil* laden wir Sie anhand einiger Fallbeispiele ein, in den Alltag von Filterblasenkindern einzutauchen, um so besser nachzuvollziehen, welche spezifischen Problemlagen sich durch weltanschauliche Filterblasen ergeben können. Dazu erzählen wir die Lebensgeschichten einiger unserer Klientinnen und Klienten nach – selbstverständlich in anonymisierter Form. Was bedeutet es, in einer geschlossenen religiösen Gruppierung zu leben bzw. aufzuwachsen? Von außen begegnen wir diesen fremden Welten häufig mit Vorbehalten und Skepsis, weil uns die innere Logik solcher Gruppierungen nicht vertraut ist, weil wir unsere Werte gefährdet sehen oder Menschen sich durch unterschiedliche religiöse Praktiken von der gesellschaftlich verbreiteten Lebensweise abheben. Ziel ist es, durch Inneneinblicke ein besseres Verständnis für Kinder, die in geschlossenen weltanschaulichen Subsystemen aufwachsen, aufzubauen. Dies bedeutet auch, zu verstehen, welche Chancen und auch Risiken solch eine besondere Sozialisation birgt.

Im *dritten Teil* stellen wir uns der Frage: »Was tun«? Hier haben wir unterschiedliche Handlungsfelder im Blick. Im Kapitel »Filterblasenkinder in der Schule« widmen wir uns unterschiedlichen Problemlagen, die sich für Pädagoginnen und Pädagogen ergeben können. Hier klären wir zunächst einige rechtliche Fragen. Berührungspunkte zwischen den Welten gibt es eben gerade besonders oft in der Schule, denn aufgrund der hierzulande geltenden Schulpflicht kommen die Kinder dort automatisch in Kontakt mit anderen gelebten Normen, Werten sowie Welt- und Menschenbildern.

»Lena, 14 (Jahre), ist eine Schülerin meiner Klasse. Sie ist ein ruhiges und zurückhaltendes Mädchen. Ihre Eltern sind in einer religiösen Gruppierung oder soll ich sagen: Sekte. Ich bin nun in großer Sorge.

Ich habe den Eindruck, sie erfährt viel Druck und Verbote von zu Hause und kann sich deswegen nicht gut in die Klassengemeinschaft integrieren«, berichtet eine Lehrerin an einer Realschule.

Der Umgang mit religiöser Heterogenität stellt insbesondere Pädagoginnen und Pädagogen vor eine besondere Herausforderung. Heute ist das Klassenzimmer Begegnungsraum für Kinder und Jugendliche unterschiedlichster kultureller und religiöser Herkunft. Mit dieser Heterogenität umzugehen, stellt sie einerseits vor große Herausforderungen. Andererseits besteht durch diese religiös-kulturelle Vielfalt auch die Möglichkeit, voneinander zu lernen und miteinander zu einem offenen, fairen und integrativen Miteinander zu finden. Pädagoginnen und Pädagogen kommt bei der Begleitung solcher sozialen Prozesse eine Schlüsselrolle zu. Was können Lehrerinnen und Lehrer dazu beitragen, dass die weltanschauliche Heterogenität im Klassenzimmer für alle zu einer gewinnbringenden und bereichernden Erfahrung wird?

Weiter beschäftigen wir uns im *dritten Teil* mit Filterblasenkinder im Familien- und Freundeskreis. Gerade dann, wenn Partner aus unterschiedlichen Welten kommen oder sich voneinander wegbewegen oder in unterschiedliche Weltanschauungen eintauchen, ergeben sich für die beteiligten Kinder oft ungünstige Spannungssituationen. Doch auch Großeltern und Freunde stehen oft ohnmächtig daneben, wenn Eltern in Filterblasen eintauchen und ihre Kinder mitnehmen. Hier richten wir uns an das Umfeld und versuchen, einige Strategien zu vermitteln im Umgang mit solch schwierigen Situationen.

Zuletzt geht es im Kapitel »Filterblasenkinder in der Beratung bzw. Therapie« besonders um solche Kinder, die aus einer Gruppierung herausgegangen sind oder herausgeworfen wurden. Wir widmen uns der Frage, was es für Menschen bedeutet, ihr Paralleluniversum zu verlassen, »auszusteigen« und sich für ein anderes System zu entscheiden. Denn oft ist das Leben »zwischen den Welten« besonders kräftezehrend und herausfordernd. Viele Menschen entscheiden sich irgendwann, ganz in die eine oder andere Welt abzutauchen. Gerade bei jungen Menschen, die in einer Gruppe sozialisiert wurden, kann eine Entscheidung gegen die elterlichen

Glaubensüberzeugzungen von manchen Familien mit Kontaktabbruch und heftigen Auseinandersetzungen einhergehen. Oft suchen sich Aussteigende therapeutische Hilfe und schildern dann frustriert, dass sie sich in der Therapie nicht verstanden fühlen. Für solche Situationen wollen wir sensibilisieren.

Wir wollen grundsätzlich polarisierenden und stigmatisierenden Zuschreibungen entgegenwirken und Grautöne einfangen. Unser Ziel ist es, mit den diversen Fallbeispielen ressourcenorientierte und dennoch kritische Einblicke zu gewähren und so zu einer differenzierten Perspektive und mehr Handlungssicherheit beizutragen im Umgang mit Andersdenkenden und Andersgläubigen. Brücken zwischen den Welten zu schlagen, bedeutet für uns zunächst, Verständnis für die besondere Situation von Betroffenen zu wecken.

Nun möchten wir Sie einladen zu einem Ausflug in die schillernden Welten unterschiedlichster Weltanschauungen. Ganz im Zeichen des Zebras, das gleichzeitig auch das Wappentier unserer vom Kultusministerium Baden-Württemberg geförderten Beratungsstelle ist, nehmen wir Abstand von Schwarz-Weiß-Zuschreibungen. Und dennoch möchten wir uns auf die ambivalenten Aspekte weltanschaulich geschlossener Systeme einlassen. Denn, wie sagte einst Walter Gropius: »Bunt ist meine Lieblingsfarbe.«[2]

---

2 https://www.myzitate.de/farben.

Erster Teil: Weltanschauungen und Filterblasen im Kindes- und Jugendalter

Hineingeboren oder selbst gewählt?

Wenn wir uns Gedanken machen über »Filterblasenkinder«, dann müssen wir zunächst einmal unterscheiden. Denn die Wege in Filterblasen hinein sind unterschiedlich – und entsprechend unterschiedlich ist der Umgang mit Filterblasenkindern und problematischen Situationen.

Zum einen gibt es Kinder, die hineingeboren werden, beispielsweise in Glaubensgemeinschaften oder weltanschauliche Subsysteme, die stark geschlossen sind und einen Filterblasencharakter haben.

Zum anderen gibt es Jugendliche, die sich selbst entscheiden für eine bestimmte weltanschauliche Gesinnung und in Filterblasen abtauchen. Erinnern wir uns an Zeiten, als diverse Jugendliche Schlagzeilen machten, die sich beispielsweise dem IS anschlossen. Grundsätzlich ist es normal, dass junge Menschen sich abweichend von gesellschaftlichen oder elterlichen Erwartungen verhalten. Doch gerade dann, wenn ein völliger Rückzug in eine wie auch immer geartete Filterblase stattfindet, ist es notwendig, diese Entwicklungen im Blick zu behalten. Wir gehen – aber eher nur am Rand – auch auf solche Jugendliche ein, die sich radikalisieren und in eigene Filterblasen abtauchen.

Wir legen den Schwerpunkt auf Kinder, die in eine Filterblase hineingeboren wurden. So wie beispielsweise Jana, die seit ihrem zweiten Lebensjahr in einer Gruppierung aufwuchs, die stark abgeschottet und als Selbstversorger auf dem Land lebte und Kontakte nach außen auf ein Minimum reduzierte. Jana wuchs in einem Parallelkosmos auf und kam erst über die Schule in Kontakt mit der Außenwelt. Rückblickend beschreibt sie dies als sehr verstörend, sie fühlte sich in der Welt draußen fremd, hilflos und überfordert. Sie konnte nur bedingt partizipieren, weil es ihr bei vielem nicht möglich war, mitzureden. So blieb sie Außenseiterin und zog sich immer mehr zurück. In unserem Buch geht es um Kinder wie Jana. Kinder, die hineingeboren werden in weltanschauliche Filterblasen. Es geht nicht darum, diese Blasen zu sprengen, sondern Isolation, Rückzugspiralen und die emotionale Belastung, die für solche Kinder oft groß ist, zu reduzieren.

Filterblasenkinder

> »Religiöse Erziehung wird dann zur Chance, wenn sie
> eine lebensbegleitende Identitätshilfe darstellt.«
> (Klosinski, 1996, S. 90)

Der Begriff »Filterblase« ist zu einem gewissen Grad sicherlich überstrapaziert und vorbelastet – und dennoch verwenden wir ihn hier. Denn das Sprachbild der Filterblase vermittelt einen bildlichen Bezug zu der Situation von Kindern und Jugendlichen, die in einer geschlossenen weltanschaulichen Gruppierung aufwachsen. Zwar ist die vollkommene Geschlossenheit eine Illusion, immer wieder gibt es Bezugspunkte nach draußen, Anknüpfungspunkte, Reibungsflächen, institutionelle Verpflichtungen, formelle Bedingungen usw. In völliger Abschottung wachsen zumindest hierzulande auch Kinder aus sogenannten »geschlossenen religiösen Gruppierungen« nicht auf. Schon allein durch die Schulpflicht entstehen Begegnungsorte mit anderen Wert- und Normsystemen.

Die Blasen sind also löchrig, und Informationen über andere Welten, andere Wert- und Normsysteme dringen aufgrund der Digitalisierung und Vernetztheit unserer Gesellschaft auch in religiöse Subsysteme vor, die sich nicht selten gerne völlig abschotten würden. Die schnelle Verfügbarkeit auch kritischer Informationen im Netz kann gerade für Kinder, die aus der Gruppierung herauswachsen, ein wahrer Segen sein. Im Netz können zunächst unverbindlich Freundschaften zu Menschen in ähnlichen Situationen geknüpft werden. In vielen Fällen wurde uns berichtet, dass die Informationen und Kontakte, die sich im Internet fanden, erste Reflexionsimpulse lieferten und Menschen dazu brachten, Fragen zu stellen. Bei aller Kritik, die am Internet geübt wird, an den digitalen Filterblasen, an der Informationsflut usw., muss hier mal eine Lanze gebrochen werden für die günstigen Auswirkungen, die wir gerade in Bezug auf geschlossene Gruppierungen erleben. Vor einigen Jahrzehnten war es viel schwieriger, an kritische Informationen zu gelangen oder Hilfsangebote zu finden. Heute jedoch ist dies mit ein paar Klicks bewerkstelligt.

Und dennoch gibt es immer noch Gruppierungen, die solche Anknüpfungspunkte nicht suchen, sondern die sich stark um Abschottung bemühen, neophobe Haltungen an den Tag legen, eine Pauschalkritik an der modernen Gesellschaft üben, ja diese teils sogar gänzlich verteufeln. Solche Gruppierungen legen keinen Wert auf Konsens, sondern betonen Unterschiede, grenzen sich wo immer möglich ab, verweigern Kooperation usw.

Wenn erwachsene Menschen sich solchen Gruppen anschließen, ist die dahinterliegende Bedürfnislage weit gefächert. Manche Menschen haben schlichtweg in der bestehenden Gesellschaft ihren Platz nicht finden können, sind überfordert mit der Multioptionalität unserer Kultur, sehnen sich nach normativer Begrenzung und klaren Richtlinien. Wenn erwachsene Menschen die Entscheidung für eine geschlossene religiöse Gruppierung treffen, dann kann sich dies auch erst einmal entlastend auf die Psyche auswirken, da diverse Bedürfnisse (z. B. nach Zugehörigkeit, Sinn, Halt) erfüllt werden.

Allerdings haben diese Menschen bisweilen natürlich auch Kinder. Und diese Kinder wachsen in der Lebenswelt auf, für die sich ihre Eltern (bzw. ein Elternteil) entschieden haben. Das kann positive und negative Auswirkungen haben, pauschalisierende Aussagen möchten wir hier vermeiden. Vielmehr geht es darum, einen differenzierten Blick auf diese besondere Situation zu werfen, ohne in vorschnelle Verurteilungen zu verfallen.

Sehen wir uns hier die zwei Seiten der Medaille einmal genauer an: Bei all der negativen Berichterstattung über sogenannte Sekten, wird man sich rasch fragen, was um Himmels willen entwicklungsförderlich sein soll am Aufwachsen in einer geschlossenen religiösen Gruppierung. Ist es nicht immer ein Desaster, wenn Kinder in eine solche Gruppe hineingeboren werden? Mitnichten! Dies mag nun zwar provokant klingen, gerade für Menschen, denen in solchen Gruppierungen viel Leid zugefügt wurde, die schlimme Erfahrungen gemacht haben. Aber es gibt eben auch diese andere Seite der Medaille – Kinder, die durch die Gruppierung in stabile Verhältnisse kommen, deren Eltern auf einmal Orientierung spüren, die sich in ihrer Erziehungskompetenz gestärkt fühlen, die Gleichgesinnte finden, der Vision eines besseren Lebens folgend wieder Sinn und Elan spüren usw.

In den meisten Fällen wollen Eltern das Beste für ihre Kinder. Selten haben wir es mit gestörten, sadistischen Eltern zu tun, die ihren Kindern bewusst Schaden zufügen wollen, sondern meist handeln Eltern in der Annahme, mit ihrem Verhalten und ihren Glaubensüberzeugungen dem Kind etwas besonders Gutes mitzugeben. Dieses Bemühen gilt es zu würdigen und anzuerkennen, auch wenn sich die Vorstellungen, was gut ist für das Kind, bisweilen stark unterscheiden.

> **! GESPRÄCHE MIT ELTERN**
>
> Meist wollen Eltern das Beste für ihr Kind. Die Vorstellungen, was das Beste für Kinder ist, können stark abweichen und zu Konflikten mit dem Umfeld führen. Deswegen kann es in schwierigen Elterngesprächen gerade für den Einstieg hilfreich sein, dieses Bemühen der Eltern zu würdigen. Pädagoginnen und Pädagogen wollen (genauso wie Eltern) das Beste für ihre Zöglinge, und hierin besteht eine Gemeinsamkeit. Diese gemeinsame Basis, nämlich die Orientierung am Wohl des Kindes herauszustellen und vor einem schwierigen Gespräch zu verdeutlichen, mag hilfreich sein, um eine Verständigungsbasis zu schaffen und Vertrauen herzustellen.

Glaube heute

»Dass Jugendliche kein Interesse an Religion hätten, ist ein Vorurteil.«
(Schweitzer, 2018)

Wie ticken Jugendliche, wenn es um Glauben und Religion geht? Um diese Frage zu beantworten und mit Vorurteilen gegenüber der religiösen Orientierung von Jugendlichen aufzuräumen, wollen wir zunächst einmal einen Blick auf die heutige Glaubenslandschaft werfen. Denn an vielen Stellen wird spürbar: Auf dem »Markt« der Weltanschauungen ist einiges in Bewegung: Kirchen klagen über abnehmende Mitgliederzahlen, sogenannte Freikirchen adaptieren die Popkultur und locken mit bunten Bühnenshows, der Esoterikmarkt verkauft Lebenshilfeprodukte, Kurse und vieles mehr und eine ganze Armada von Coaches scheint die Gurus von gestern abgelöst zu haben. Der Trend geht zur Patchworkreligion. Auch junge Menschen entdecken und gestalten ihren Glauben selbst.

In diesem Gestaltungsprozess kann es vorkommen, dass sie sich von tradierten Vorstellungen lösen und sich vom elterlichen Glauben oder Nichtglauben distanzieren. Dies ist zunächst einmal ein normales Verhalten, das typisch ist für junge Menschen. Dieser Prozess sorgt dann für Reibung, wenn der Ablösungsprozess von der elterlichen Weltanschauung mit starken Konflikten und Spannungen einhergeht. Das ist häufiger der Fall, wenn die Eltern in weltanschaulich stark geschlossenen Milieus beheimatet sind und die Welt draußen als bedrohlich erlebt wird. Umgekehrt schließen sich jedoch auch manche Jugendliche auf der Suche nach Halt und Orientierung in einer immer pluraler werdenden Gesellschaft einer geschlossenen weltanschaulichen Gruppierung an, manchmal fällt in diesem Zusammenhang schnell pauschal das Schlagwort »Radikalisierung«.

Nach wie vor geistert der Begriff der »Sekten« durch die Gesellschaft. Nicht selten erhalten wir Nachfragen von verunsicherten Eltern, die wissen wollen, ob ihr Kind neuerdings in einer Sekte sei. Obgleich sich die religiösen Erscheinungsformen von Gruppierungen in den letzten Jahrzehnten stark verändert haben, obwohl eine ausführliche Diskussion zum Sektenbegriff stattgefunden hat, hält sich der Begriff »Sekte« hartnäckig im alltagspsychologischen

Sprachgebrauch. Jeder weiß vermeintlich, was damit gemeint ist: eine manipulative und unethisch agierende Gruppierung, die unlautere Ziele verfolgt und sich von gesellschaftlichen Werten distanziert. In der Verwendung des solcherart geprägten Sektenbegriffs drückt sich auch der Wunsch nach Richtlinien und Verstehbarkeit aus: Was ist gute und was ist schlechte Religion? In einer multioptionalen Gesellschaft ist solch ein Bedürfnis nach Komplexitätsreduktion und einfachen Antworten nachvollziehbar. Dennoch lassen sich Weltanschauungen nicht so einfach in Schwarz-Weiß unterteilen. Denn entscheidend ist die Passung zwischen Individuen und Weltanschauung. Was dem einen hilft, kann dem anderen schaden. Trotzdem gibt es am Ende dieses Kapitels eine Checkliste (S. 44 ff.), die bei der Sensibilisierung für gefährliche weltanschauliche Angebote unterstützen kann.

Glaube 2.0: Neuere Entwicklungen des weltanschaulichen Marktes

Das religiöse und weltanschauliche Feld in Deutschland hat sich stark gewandelt. Dies liegt vor allem an den fortlaufenden gesellschaftlichen Prozessen, die im Folgenden genauer erläutert werden sollen.

Wir beobachten eine grundsätzliche generationelle Verschiebung auf diesem Terrain, und zwar in mehrerlei Hinsicht. Waren es vor allem in den 1990er-Jahren zunächst die Jugendlichen, die im Fokus der sogenannten Sekten, wie man sie damals noch genannt hat, standen, können wir heute eine altersunabhängige Suche nach weltanschaulichen Angeboten beobachten. Nicht nur auf der Seite der »Suchenden« ist diese Entwicklung zu beobachten. Auch die Altersspanne der Anbieter wurde breiter. Das einst suggerierte Bild Hollywoods, in welchem der weise ältere Guru eine kleine Gruppe von Anhängern führt, entspricht schon lange nicht mehr der Realität. Gleichzeitig versuchen Anbieter zunehmend, einen »Kundenstamm« mit deutlich höherer Finanzkraft zu gewinnen. Natürlich wird diese Finanzkraft eher weniger bei Jugendlichen gesehen, weshalb zunehmend Erwachsene für Produkte, Seminare und Kurse geworben werden.

Auch religiös-weltanschauliche Deinstitutionalisierungsprozesse sind deutlich auszumachen. Die einst festen Strukturen haben sich auf dem immer fluider werdenden Tableau von Angebot und Nachfrage nicht bewährt. Anbieter organisieren sich heute in weniger festen Strukturen, weshalb Vereinsgründungen nur noch die Ausnahme darstellen.

Voraussetzung für ein flexibles Reagieren auf die Bedürfnisse der Suchenden heute ist eine digitale, aber auch globale Mobilität. Diese finden wir zum einen im Social-Media-Bereich, auf Channels oder sogar in Messengerdiensten. Zum anderen wird deutlich, dass sich immer mehr Anbieter an geografisch praktisch gelegenen Orten niederlassen. Die Grenzgebiete zu Belgien und der Schweiz zu Deutschland scheinen hierbei besonders beliebt zu sein.

Die grundsätzliche Spiritualisierung fast aller Lebensbereiche sowie die spürbare Kommerzialisierung der Angebote machen einen weiteren Schwerpunkt gesellschaftlicher Prozesse in der Weltanschauungsarbeit deutlich. Dies gilt vor allem für die sogenannte Gebrauchsesoterik: Es gibt kaum einen Lebensbereich, für welchen nicht ein kostenpflichtiges Produkt zur Verbesserung, Heilung oder gar Wandlung gibt. Seien es Heilsteine zur besseren Konzentration in der Schule, Schmuck, der die Beziehung retten soll, Kurse, die zu einer Persönlichkeitsveränderung führen sollen ...

Die bereits genannten Prozesse gestalten die tägliche Arbeit im Bereich der Weltanschauungen als herausfordernd. Die immer intransparenter werdenden Strukturen machen vor allem die Informations- sowie Beratungsarbeit schwierig. Konnte man sich vor ein paar Jahrzehnten noch auf eine klare Hierarchie, konkrete Ansprechpartner oder gar einen festen Ort des Anbieters verlassen, können wir heute oftmals nicht einmal mehr feststellen, aus welchem Land der Anbieter kommt oder welche Person dahintersteht. Befindet sich der Anbieter im Ausland, gestaltet sich auch die Informationsgewinnung nochmals schwieriger.

Es lässt sich festhalten, dass das Gefährdungspotenzial, das von dubiosen religiösen oder weltanschaulichen Angeboten ausgeht, anhaltend hoch ist, wenn nicht sogar steigt. Denn wir beobachten vor allem einen Prozess, der in den letzten Jahren vermehrt in bedenklicher Art und Weise zugenommen hat. Nicht zuletzt durch die Coronapandemie wurde deutlich, wie stark sich religiöse oder weltanschauliche radikale Haltungen politischen begegnen, ineinanderfließen oder gar mit diesen vereinen. Es bedarf insbesondere staatlicherseits einer Intensivierung der Kooperation und des Austauschs von mehreren Stellen und Institutionen, um diese Entwicklung im Auge zu behalten und ggf. vor bestimmten Angeboten zu warnen.

Die Rigidität, in welcher die eigene Überzeugung gelebt wird, nimmt dabei zu. Deutlich wird dies an der Absolutheit der geäußerten Meinung, der Starrheit der Einstellung, aber auch an der oft herausfordernden Art der Kommunikation, die sich durch wenig Perspektivwechselbereitschaft und Empathiefähigkeit auszeichnet.

Die einstmals normgebenden Institutionen wie die Politik, aber auch die Kirchen haben über die Zeit hinweg zunehmend an Autorität verloren. Der daraus resultierende Individualisierungsprozess überlässt es jedem selbst, die Fragen nach Sinn, Werten sowie Lebensweisen für sich zu beantworten oder sich auf die Suche nach diesen Antworten zu begeben. Die Bindung insbesondere an institutionalisierte Religion wurde durch die Säkularisierung gelockert. Es zeichnen sich kulturelle Veränderungsprozesse wie die Rationalisierung des Weltbilds, aber auch die Pluralisierung von Weltdeutungsangeboten ab. Der individualisierte Synkretismus, das Selbstzusammenstellen von Glaubensvorstellungen und -überzeugungen im sprichwörtlichen »Glaubensbüffet«, unterstreicht nochmals die Bedeutung dieses fortlaufenden Individualisierungsprozesses.

Eine Konsum- und Erlebniskultur trägt dazu bei, dass der Gültigkeitsanspruch der traditionellen religiösen Erklärungsmodelle relativiert wird und immer mehr konkurrierende Alternativen auf dem religiösen Heilsmarkt angeboten werden, die Nachfrage nach ihnen ist hoch.

Die fortschreitende Digitalisierung macht auch vor dem weltanschaulichen Markt nicht Halt. Religiöse oder weltanschauliche Akteure sind digital und global mobil. Längst haben sie die Möglichkeiten des Internets sowie der Sozialen Netzwerke zu Vernetzungs-, Kommunikations- und vor allem Werbezwecken erkannt.

Vor allem im Süden der Republik wird deutlich, dass sich Anbieter durch die Wirtschaftsstärke der Länder Bayern und Baden-Württemberg angezogen fühlen. Daran geknüpft sind natürlich die finanziellen Möglichkeiten der Bürgerinnen und Bürger, für religiöse und weltanschauliche Konzepte zunehmend mehr Geld auszugeben.

Gegenwärtig erleben wir nicht zuletzt durch die Coronapandemie eine Interessenverschiebung der religiösen »Verbraucher«. Waren es während der Pandemie noch die Verschwörungstheorien, die Esoterik und der Coachingbereich, beobachten wir nun seit Rücknahme der Coronaschutzmaßnahmen einen Zustrom zu den »klassischen« Gruppierungen. Die Isolationsmaßnahmen, die Kontaktreduzierungen, aber auch das Gefühl des Abgeschottet- und Alleinseins haben vermehrt, so scheint es, ein starkes Bedürfnis nach Gruppenzugehörigkeit, nach enger Führung, aber auch nach Orientierung hervorgerufen. Auch der Esoterikmarkt boomt derzeit. Dabei spielen unterschiedliche Faktoren eine Rolle. Durch die lange Isolation steigt bei vielen Menschen das Bedürfnis nach gruppenbezogenen Aktivitäten. Gleichzeitig haben durch politisch unsichere Zeiten und Nachwirkungen der Coronamaßnahmen psychische Belastungen zugenommen. Dies macht Menschen anfälliger für sinnstiftende Angebote und beschert nicht nur Psychologen eine volle Praxis, sondern lässt auch nach psychischen Entlastungsstrategien, wie sie beispielsweise der Esoterikmarkt zu bieten hat, greifen.

Der Wunsch nach Zugehörigkeit gehört zu den identitätsstiftenden Säulen unseres menschlichen Daseins. Deswegen verwundert es nicht, dass Anbieter auf dieses Bedürfnis reagieren. Viele Menschen entlastet es, einen Anführer zu haben, jemanden, der sagt, wo es langgeht, was richtig und falsch ist. Dies hilft einigen beim psychischen Krisenmanagement. Gefährlich jedoch wird es, wenn spirituelle Führer den Wunsch nach Führung ausnutzen, manipulieren, Abhängigkeiten erzeugen und aus den Wünschen und Sehnsüchten der Menschen Profit schlagen.

Psychosoziale Aspekte

Unsere Gesellschaft ist vom Leistungsdenken geprägt, was bedeutet, dass wir uns ständig in einem Wettbewerb mit anderen befinden. Ob im Beruf, im Privatleben oder in unseren Hobbys, wir messen uns mit anderen und streben nach Erfolg und Anerkennung. Nicht zuletzt hat uns die Wirtschaft gelehrt, dass unser Erfolg und unser Gewinn direkt mit unserer Leistung und unserem Output verbunden sind. Für viele Menschen bedeutet Gewinn vor allem materielle Werte wie Reichtum und Wohlstand. Ein teurer Sportwagen in der Garage ist nicht nur ein Symbol für den persönlichen Geschmack, sondern signalisiert auch den Erfolg und den Wert des Besitzers für andere: ein Aushängeschild des persönlichen Erfolgs und damit des eigenen Wertes, wenn man es so will.

Es ist ein menschliches Bedürfnis, sich als Individuum von anderen abzuheben und auf sich aufmerksam zu machen. Dies spiegelt sich auch im Konsumverhalten wider, sei es bei Mode, Smartphones, Autos und anderen Produkten. Es ist zu beobachten, dass der Konsumismus, der aus diesem Verlangen nach Individualität entsteht, immer mehr zunimmt und intensiver wird. Infolgedessen verlernen viele Menschen oft, sich über die kleinen Dinge im Leben zu freuen, die banal und einfach erscheinen, und mit ihnen zufrieden zu sein. Diese emotionale Abstumpfung betrifft mittlerweile auch die Kleinsten unter uns. Eine Konsequenz davon ist, dass der Mensch bereit ist, immer mehr zu geben und vor allem zu bezahlen, um seinen Drang nach materieller Befriedigung zu stillen. Die Überzeugung, man könne innere Leere mit materiellen Gütern stillen, scheint, so zeigt es die Beratungsarbeit, ein weit verbreiteter Trugschluss zu sein.

Die modernen Medien tragen ihren Teil dazu bei. Die Medien ersetzen nicht nur den persönlichen Kontakt mit echten Menschen, sondern verändern auch die Art und Weise, wie wir miteinander kommunizieren. Face-to-Face-Gespräche und Treffen werden immer seltener und erscheinen oft als langweilig und weniger aufregend. Während wir in Messengerdiensten teils mit mehreren Personen über die verschiedensten Themen parallel »reden«, bietet eine Face-to-Face-Kommunikation »gerade mal« einen Gesprächspartner mit eventuell nicht gerade interessantem Thema. Viele Jugendliche berichten so von Schwierigkeiten, Freundschaften aufzubauen oder aufrechtzuerhalten. Sie bemängeln das Fehlen eines Mediums, das als Vermittler zwischen ihnen und anderen dient. Diese Entwicklung hat auch Auswirkungen auf Partnerschaften und nicht zuletzt auf Familien.

Die Betonung der genannten Bedürfnisse und das Streben nach Aufmerksamkeit stehen im Konflikt mit etablierten gesellschaftlichen

Werten wie Vertrauen, Solidarität und Gegenseitigkeit. Nicht zuletzt wurde dies während der Pandemie thematisiert.

Doch wie hängen die geschilderten psychosozialen und gesellschaftlichen Entwicklungen mit religiös-weltanschaulichen Angeboten zusammen? Die Suche nach intensiven Gefühlen und neuen Erfahrungen sowie nach Sinn und Glück steigert die Nachfrage nach sinnstiftenden Angeboten und macht es Anbietern teils leicht, Menschen mit bestimmten Bedürfnissen zu locken. Eine religiöse oder weltanschauliche Gruppierung kann zweifelsfrei Antworten auf Sinnfragen und Ereignisse in der Welt bieten. Menschen können sich durch ein intensives Zugehörigkeitsgefühl wahrgenommen und wertvoll fühlen.

Die entsprechende Passung zwischen Konsumenten und Angebot ist entscheidend für die Frage, ob es zu Konflikten kommt. Durch die Beratungsarbeit wird deutlich, dass es Angebote gibt, die mehr Konfliktpotenzial beinhalten, also konflikträchtiger sind, als andere. Je stärker, so scheint es, die gelebten Glaubensinhalte von verbreiteten gesellschaftlichen Normen oder Überzeugungen abweichen, desto größer das Konfliktpotenzial. Ob von einem Angebot allerdings eine Gefahr auf geschützte Rechtsgüter ausgeht, prüfen die zuständigen staatlichen Stellen und warnen ggf. vor diesen.

Jugend ohne Gott? Glaube von Kindern und Jugendlichen heute

Wie glauben Jugendliche heutzutage? Ist Glaube in Jugendkreisen out? Glauben Jugendliche überhaupt noch an irgendwas, oder steuert unsere Jugend in religiöser Hinsicht auf einen gähnenden Abgrund zu? »Die heutige Jugend ist von Grund auf verdorben, sie ist böse, gottlos und faul. Sie wird niemals so sein wie die Jugend vorher, und es wird ihr niemals gelingen, unsere Kultur zu erhalten«, so steht es auf einer babylonischen Tontafel von ca. 1000 v. Chr. (zit. nach Watzlawick, 1992): Schon Jahrtausende vor uns verfielen Erwachsene immer wieder in eine pessimistische Sichtweise auf junge Menschen. Wenn wir nun den Blick auf unsere Jugend richten, wollen wir dies bewusst möglichst wertschätzend tun, ohne pessimistische Endzeitszenarien heraufzubeschwören. Dennoch leben wir in einer Zeit des Wandels (was sich die alten Babylonier wahrscheinlich auch schon dachten).

Diese Veränderung betrifft auch die religiöse und kulturelle Heterogenität der Lebenswelten junger Menschen. Jugendliche leben heute weniger in konfessionell geschlossenen Systemen. Konkret bedeutet das, dass beispielsweise bei der Partnersuche die Konfession des anderen kaum noch eine Rolle spielt (Wolf, 2012). Ebenso werden Freundeskreis, Kollegen, Nachbarschaften in religiöser Hinsicht immer bunter und durchmischter. Junge Menschen entwickeln zunehmend religiöse Toleranz. Milieubindung, Alter (die Peergroup) und Lebensstile haben dabei einen wichtigen Einfluss auf die religiöse Orientierung. Gerade auch bei jungen Menschen liegt DIY, hier im Sinne von Patchworkreligionen, im Trend, genauso wie der Wunsch nach Erlebnisintensität. Dies sind Tendenzen, die sich in diversen Jugendstudien abzeichnen (z. B. Calmbach et al., 2016). »Tradierte religiöse Formen und konfessionelle Bindungen verlieren für Jugendliche an Bedeutung. Der Glaube verlagert sich auf die individuell-persönliche Ebene« (EKD, 2020). Die Toleranz gegenüber Andersgläubigen nimmt deutlich zu. Ob diese Toleranz auf Grundlage steigender Bedeutungslosigkeit von Religion und einem vermehrten religiösen Analphabetismus begründet ist, sei hier zunächst dahingestellt. Viele Jugendliche fühlen sich heutzutage frei, selbst zu bestimmen, was sie glauben möchten, und entscheiden sich dennoch oft für das, was sie bereits kennen.

Übrigens durchlaufen nach wie vor die meisten Jugendlichen die gängigen kirchlichen Stationen, werden getauft, gehen zur Erstkommunion oder lassen sich konfirmieren. Allerdings ist der Inhalt des Glaubens nicht mehr so wichtig. Viel wichtiger hingegen sind für Jugendliche heutzutage Gemeinschaft und die soziale Beziehung innerhalb einer Gruppe. »Geselligkeit und Gemeinschaft rücken auf Kosten der Glaubenseinstellungen in den Vordergrund« (EKD, 2020). Die von der Bertelsmann Stiftung finanzierte Studie »Religionsmonitor« bestätigt überdies: Das Interesse an Gott ist bei den 18- bis 19-Jährigen mit 51 Prozent, die an eine höhere Macht glauben, nach wie vor vorhanden. Immerhin 34 Prozent glauben stark bzw. sehr stark an eine höhere Macht (Bertelsmann Stiftung, 2008). Ob es sich bei dieser höheren Macht allerdings um das fliegende Spaghettimonster, einen DIY-Gott oder einen der Altvorderen handelt, ist damit nicht geklärt.

Die Bindungen an feste religiöse Gemeinschaften und Formen haben sich generell gelockert, trotzdem gibt es immer noch Jugendliche, die sich nicht trendkonform verhalten und langandauernde Bindungen zu Religionen eingehen. Hier sind vor allem auch die Jugendlichen einzuordnen, die in geschlossene religiöse Gruppierungen hineingeboren werden und dort bleiben.

In der Frage, wie Jugendliche sich an Kirchen gebunden fühlen, arbeitete Rebenstorf (2017) unterschiedliche Bindungstypen heraus, die von überdurchschnittlicher Verbundenheit mit häufigem Beten (9 Prozent) bis hin zu einem Nichtgebundensein ohne religiöse Praxis reichen (47 Prozent). Es gibt also noch einen gewissen Prozentsatz religiös fest gebundener Jugendlicher, das Gros jedoch hat kaum mehr einen Bezug zur Kirche. Vermutlich liegt dies auch an der (nicht vorhandenen) religiösen Sozialisation im Elternhaus. Für Jugendliche spielen positive Gemeinschaftserfahrungen eine entscheidenden Rolle bei der religiösen Sozialisation (Ilg et al., 2018).

Für die Integration von Jugendlichen und Kindern aus weltanschaulichen Filterblasen spielen diese Erkenntnisse aus der Jugendforschung eine wichtige Rolle. So ist anzunehmen und zu hoffen, dass die Zugehörigkeit zu einer geschlossenen religiösen Gruppierung weniger stigmatisierend als früher wirkt und Sympathien nicht von der religiösen Zugehörigkeit abhängig gemacht werden. Hier scheint sich ein zunehmender Öffnungsprozess abzuzeichnen, der grundsätzlich positiv zu bewerten ist.

So schildert das beispielsweise auch Jana: »In meiner Klasse ist ein Junge aus einer Sekte. Aber der ist voll integriert. Der macht bei allem mit. Früher durfte der nicht auf Geburtstagsfeiern, aber sonst hat man eigentlich nicht gemerkt, dass er eine andere Religion hat. Er ist einfach ein grundsympathischer Typ, und so spielte es eigentlich keine Rolle, an was er glaubt. Er kommt auch auf Klassenpartys, solange es eben keine Geburtstagspartys sind. Man kann mit ihm auch echt gut quatschen, und er macht sich über viele Dinge Gedanken. Das ist mir wichtig. In welche Kirche er geht, ist mir egal, solange er mich so lässt wie ich bin, kann ich das bei ihm auch akzeptieren.«

> **BEDEUTUNG EINER ERZIEHUNG ZU TOLERANZ UND OFFENHEIT**
>
> Diese in vielen Kontexten offene und tolerante Grundhaltung erleichtert Kindern und Jugendlichen, die aus geschlossenen religiösen Milieus kommen, die Teilhabe an der Gesellschaft und die Integration. Somit ist eine Erziehung zu Toleranz und Offenheit und einem integrativen Miteinander eine der wichtigsten Aufgaben, die Gesellschaft und Schule leisten können, um der Ausgrenzung von Andersgläubigen entgegenzuwirken und Kinder zu integrieren, die aus Gruppierungen mit starken Abschottungstendenzen kommen.

Radikalisierung – ein Privileg der Jugend?

Vor einigen Jahren las man in der Zeitung von Jugendlichen, die sich radikalisierten und im schlimmsten Fall mit buschigem Vollbart im Gesicht in den Syrienkrieg zogen. Bis heute machen immer wieder junge Menschen Schlagzeilen, die im rechten oder linken Milieu unterwegs sind. Vor einigen Jahrzehnten fürchtete man, dass die Jugend direkt in die Hölle fahre (Stichwort »Jugendsatanismus«). Und auch mit dem Begriff der »Jugendsekten« wurde in den 1970er- und 1980er-Jahren deutlich: Es waren damals vor allem die jungen Leute, die sich in weltanschaulicher Hinsicht neuen und teils radikalen Angeboten zuwandten. Findeisen (2018) beschreibt dies sehr treffend: »Vor 50 Jahren waren sie der große Elternschreck: die sogenannten neuen religiösen Bewegungen oder Jugendsekten. Die Kirche des Koreaners Surn Myung Moon, die Hare-Krishna-Bewegung, die Kinder Gottes, Maharishi Mahesh Yogi oder Bhagwan mischten die religiöse Landschaft der Bundesrepublik auf.«

Radikalität und Jugend passen offenbar ganz gut zusammen. Auch die Bundesarbeitsgemeinschaft der Landesjugendämter (2018) stellt fest, dass es entwicklungspsychologisch und soziologisch betrachtet völlig normal sei, wenn sich Jugendliche abweichend von gesellschaftlichen Erwartungen verhalten. Wenn Kinder zu Erwachsenen werden, gehört es bis zu einem gewissen Grad zur Identitätsentwicklung,

Gesellschaft infrage zu stellen. Eine gewisse Radikalität an sich ist also erst mal wichtig und normal. Unterschieden werden muss jedoch zwischen Kindern, die in ein radikales Umfeld hineinwachsen, und Jugendlichen, die in ihrer Abgrenzungsphase empfänglich sind für gewisse radikale Überzeugungen.

Wenn Jugendliche sich radikalisieren, tragen sie oft eine innerliche und äußerliche Identifikation mit Bewegungen zur Schau, welche in der Gesellschaft als störend oder gar gefährlich wahrgenommen werden. Gleichzeitig jedoch ist diese Form der Radikalisierung eine Möglichkeit, Selbstwirksamkeit zu erfahren (Bundesarbeitsgemeinschaft der Landesjugendämter, 2018).

Es fragt sich, ob es bestimmte Vulnerabilitätsfaktoren für Radikalisierung gibt. Was lässt den bisher stets angepassten Klassensprecher zum radikalen Prediger werden? Denn grundsätzlich ist es wichtig, zu verstehen, welche inneren und äußeren Prozesse als Brandbeschleuniger wirken können. Doch bevor wir uns diesem Verstehensprozess widmen, geht es um eine grundlegende Definition. Wenn Sie im Geiste die Menschen durchgehen, die in Ihren Augen radikal sind, werden Sie rasch feststellen, dass es grundlegende Unterschiede und Abstufungen gibt.

Das BKA definiert Radikalisierung so: »Radikalisierung ist die zunehmende Hinwendung von Personen oder Gruppen zu einer extremistischen Denk- und Handlungsweise und die wachsende Bereitschaft, zur Durchsetzung ihrer Ziele illegitime Mittel, bis hin zur Anwendung von Gewalt, zu befürworten, zu unterstützen und/oder einzusetzen« (Bundeskriminalamt, 2015). Doch sicherlich wird nun nicht jeder, dem Sie das Attribut »radikal« zuschreiben, gewaltbereit sein. Radikalisierung bewegt sich auf einem Kontinuum. Während der Radikalisierung nach der genannten Definition eher ein negatives Image anhaftet, gibt es auch Autoren, die einen wertneutraleren Zugang zur Radikalisierung finden. Denn zunächst bedeutet »radikal« so viel wie »an die Wurzel gehend« – das impliziert die Idee, dass Menschen, die radikal sind, es ganz genau wissen wollen und beispielsweise auf die Wurzel von gesellschaftlichen Problemen schauen. Diese Vorstellung wird beispielsweise auch von Quent aufgegriffen, der verdeutlicht, inwieweit unter Radikalisierung auch eine tiefgehende Auseinandersetzung mit den Strukturen von Gesellschaft, ihren Wirkungsweisen sowie Grundlagen und Zusammenhängen verstanden werden kann (Quent, 2016, S. 30).

Möglicherweise sind Ihre Erfahrungen im Umgang mit Menschen, denen Sie das Prädikat »radikal« verliehen haben, andere. Oft bezeichnen wir die Menschen als »radikal«, die in Schwarz-Weiß einteilen, Feindbilder pflegen, eingeengte Perspektiven haben, nur ihre eigene Meinung zählen lassen usw.

Um der Diskussion nach der Frage, was nun eigentlich »Radikalität« bedeutet, etwas den Dogmatismus zu nehmen, raten wir dazu, neben dieser alltagspsychologischen Definition auch weitere Perspektiven auf »Radikalität« zuzulassen und damit ganz praktisch einer perspektivischen Verengung entgegenzuwirken.

Es ist also nicht ganz eindeutig und einfach, wo Radikalität beginnt und endet. Auch die dahinterliegenden Prozesse sind komplex, gestalten sich individuell sehr unterschiedlich und sind nicht linear angelegt.

Radikalisieren kann man sich ganz allein im stillen Kämmerlein oder aber durch die Zugehörigkeit zu bestimmten Gruppierungen. Auch bei der Radikalisierung im stillen Kämmerlein spielt zumeist die digitale Filterblase eine gewisse gruppenpsychologische Rolle. Noch stärker jedoch greifen gruppenpsychologische Effekte, wenn Menschen sich in »analogen« Gruppen treffen. Denn Gruppen haben, unabhängig davon, welche Inhalte und Ideologien geteilt werden, ganz grundsätzlich eine bedeutende Eigenschaft, die man in der Massenforschung längst kennt: Menschen, die Gruppen angehören, neigen zu extremeren Meinungen: Sich als Teil einer Gruppe zu fühlen, verändert die eigene Meinung. Der Mensch als Herdentier neigt eben zur Konformität, dies wurde in Experimenten vielfach nachgewiesen (z. B. Asch, 1956). Nicht nur Verhaltensweisen, sondern auch Meinungen, Normen und Werte können durch Gruppen beeinflusst werden. Und wenn in der Gruppe eine extremere Meinung vorherrscht als die, die man zunächst selbst hat, wird sie leicht übernommen – es wirkt der Gruppendruck zur Konformität. »Niemand ist so bekloppt wie wir alle zusammen« (Mai, 2022). Etwas plakativ formuliert könnte man also sagen, dass es sich bei der vielgepriesenen Schwarmintelligenz wohl eher um »Schwarmdummheit« handelt. Denn Gruppen neigen zur Polarisierung, das ist besonders in Diskussionen spürbar. Man würde annehmen, dass sich aus einer Vielzahl unterschiedlicher Meinungen ein mittlerer Wert einstellt. *Aber*: Ganz egal, wie moderat und vernünftig die unterschiedlichen Haltungen und Standpunkte zu Beginn waren – hinterher bildet sich meist eine Gruppenmeinung, die keine homogene Mischung darstellt, sondern zum Extremen neigt. Sich dies zu vergegenwärtigen, hilft, Radikalisierungsprozesse in Gruppen besser zu verstehen und einzuordnen (Pohl, 2022).

> **PSYCHOLOGIE DER GRUPPE**
> - Majoritätsdruck: Wir tun etwas, weil viele dies tun. Meinungen und Verhalten werden ohne Hinterfragung übernommen.
> - Autoritätsdruck: Wir ordnen uns einer Autorität unwillkürlich unter.
> - Minoritätseffekt: Je geschlossener eine Minderheit auftritt, desto eher gelingt es ihr, andere auf die eigene Seite zu ziehen.
> - Konformitätsdruck: Anpassung an die Gruppe in Kleidung, Meinung und Haltung.
> - Polarisierungs-/Radikalisierungsdruck: Extremere Meinungen und Verhaltensweisen haben in der Gruppe größere Chancen als moderate.
> - Nonkonformität: Menschen, die sich in ihrer Meinung, Kleidung oder Haltung nicht konform verhalten, können eine mächtige Auswirkung auf Gruppen haben.
> - Gruppengröße: In kleineren Gruppen steigt der Konformitätsdruck (bei 3–5 Personen ist er am höchsten).
> - Reziprozität: Wenn wir von jemandem etwas erhalten, steigt die Bereitschaft zu einer Gegenleistung: »Wie du mir, so ich dir!«
> - Selbstvertrauen und Selbstbewusstsein spielen bei der Anpassungsbereitschaft eine wichtige Rolle, ebenso auch kulturelle Faktoren und die aktuelle Stimmungslage. Je selbstbewusster wir sind, desto eher können wir auch mal widersprechen. Aber: Je besser unsere Stimmung, desto weniger widersprechen wir.

Es zeigt sich, dass radikalisierte Menschen manchmal eine sehr tiefgründige Auseinandersetzung mit Gesellschaftsstrukturen hinter sich haben, jedoch kein einengendes Denken vorliegt, sondern lediglich der persönliche Wunsch, etwas besser zu machen bzw. im eigenen Leben verändern zu wollen, die Triebfeder ist. Natürlich gibt es auch zahlreiche Fälle, die anders gelagert sind, wo es tatsächlich eine Einengung des Denkens gibt und eine zunehmende Schwarz-Weiß-Sicht der Außenwelt dominiert. Eine wertneutrale Begegnung mit »radikalen Lebensentwürfen« hilft, Verständnis zu bewahren und den Blick auf die individuelle Situation nicht zu verlieren. Leitend kann dabei die Frage sein: Weshalb hat sich jemand entschieden, einen radikalen Lebenswandel zu vollziehen?

Der Weg in radikale Glaubens- oder Lebensentwürfe kann sehr unterschiedlich sein. Eine wichtige Rolle spielt dabei das Internet. Jedoch können auch persönliche soziale Kontakte zum Radikalisierungsmotor werden. Oft besteht bei Menschen, die einen radikalen Glaubenswandel vollziehen, eine gewisse Unzufriedenheit mit den gegebenen Umständen. Dies kann beispielsweise das eigene Lebensmodell betreffen, aber auch eine politische oder religiöse Unzufriedenheit sein. Manchmal sind damit auch Identitätskrisen verbunden. Man ist sich seiner selbst nicht sicher, befindet sich in einer Umbruchphase, lernt sich neu kennen. Deswegen radikalisieren sich besonders häufig auch Jugendliche und junge Erwachsene. Trifft man dann auf eine Gruppe Gleichgesinnter, wirkt dies wie ein Brennglas. Endlich sind da Menschen, die ähnlich denken und fühlen. Endlich gibt es Konzepte, die der Unzufriedenheit etwas entgegensetzen, die Hoffnung machen und aus der Starre lösen. Meist bietet die neue Gruppierung eine klare ideologische Ausrichtung und Regeln, die Orientierung schaffen. Die Phase der Orientierungslosigkeit, Suche und Unzufriedenheit ist vorbei, und dies kann zu regelrecht euphorischen Gefühlen führen. Der Betreffende fühlt sich voller Energie, beflügelt und glücklich.

Ein Radikalisierungsprozess kann schleichend ablaufen oder auch rasch und unvorhersehbar. Meist geht damit auch eine stufenweise Veränderung religiöser oder politischer Haltungen einher und gewisse gruppenpsychologischen Aspekte spielen eine Rolle. Verführerisch wäre es nun, eine Checkliste zu veröffentlichen, anhand derer Sie Ihr Umfeld einteilen können in »radikal« und »nicht radikal«. Und in der Tat gibt es bestimmte Listen im Internet, die Kriterien wie Tunnelblick, Feindbildpflege, aufgesetztes Selbstbewusstsein und Entfremdung von Familie und sozialem Umfeld benennen (z. B.: https://www.zivile-helden.de/radikalisierung/zivilcourage-gegen-radikalisierung/).

Aber solche Kriterien erlösen uns nicht von dem Dilemma, dass erstens Radikalisierung nicht per se negativ sein muss und zweitens zunehmende Religiosität nicht per se mit Radikalisierung gleichzusetzen ist (Kurnaz, 2015).

Wenn also, nennen wir ihn Benny, neuerdings seiner Identität Ausdruck verleiht, indem er sich einen Vollbart wachsen lässt, dann bedeutet dies nicht, dass Benny nun zum Terroristen geworden ist. Und selbst Hannes, der seit Neuestem als Umweltaktivist einen Baum besetzt, ist zwar sicherlich radikal, aber ist er gefährlich für unsere demokratische Grundordnung? Schauen Sie hin und hören Sie hin. Der Umgang mit Radikalisierung fordert heraus, zu normalisieren, jedoch nicht zu bagatellisieren und gleichzeitig zu sensibilisieren für Extremismusentwicklungen, ohne in Stereotype und Schubladendenken zu verfallen. Denn genau das wollen wir ja Menschen vorleben, die sich radikalisiert haben im Sinne einer perspektivischen Verengung. Wir wollen zeigen, dass unterschiedliche Meinungen und Perspektiven nebeneinander existieren dürfen. Deswegen: Treiben Sie den Teufel nicht mit dem Beelzebub aus!

Doch wo legen wir das Fieberthermometer an, wann werden gesellschaftliche Werte überschritten und wann erreichen wir einen kritischen Bereich? Hier ist sich die Fachwelt keinesfalls einig. Ganz eindeutig ist eine Grenze überschritten, wenn unsere freiheitlich-demokratischen Grundwerte bedroht sind. Das passiert z. B., wenn Menschen Gewalt anwenden oder befürworten. Doch wenn Menschen extrem werden und Grenzen überschreiten, dann genügt es nicht, ihnen mahnend auf die Finger zu klopfen. Wir kommen nicht drumherum, die Frage nach dem Warum zu stellen. Neben dem Verständnis für gruppenpsychologische Wirkmechanismen ist es auch sinnvoll, den individuellen Hintergrund und Kontext zu verstehen. Was macht anfällig? Vulnerabilitätsfaktoren gibt es viele.

> **VULNERABILITÄTSFAKTOREN FÜR RADIKALISIERUNG**
>
> - gewaltverherrlichende Videos
> - familiäre Konflikte
> - Erfahrungen von gesellschaftlicher Ausgrenzung, Mobbing und Diskriminierung
> - Bedrohungsempfindungen
> - Gewalterfahrungen
> - politisches Desinteresse
> - vorhergehende Delinquenz
>
> Beachten Sie: Bei Radikalisierungsprozessen handelt es sich meist um ein komplexes Zusammenspiel unterschiedlicher Faktoren (Goede, Schröder u. Lehmann, 2020).

Manche dieser Vulnerabilitätsfaktoren lassen sich günstig beeinflussen. Dazu ist es notwendig, langfristige Maßnahmen und Präventionsprojekte an Schulen zu implementieren. Kritische Medienkompetenz fördern, einen konstruktiven Umgang mit Gewalt lernen, den Zusammenhalt der Schülerinnen und Schüler gezielt stärken – das sind Maßnahmen, die das Bundesministerium für Bildung und Forschung (2019) zur Prävention vorschlägt. Stets spielt auch die Stärkung des Selbstbewusstseins eine wichtige Rolle, denn dies macht weniger anfällig für Gruppendruck.

Neben der Prävention spielen Interventionen eine Rolle, gerade dann, wenn das Kind schon in den Brunnen gefallen ist. Allerdings geraten die Faktoren, die zu einer Radikalisierung führten, rasch aus dem Blickfeld, wenn es eben schon zu spät scheint. Die betreffenden Kinder und Jugendlichen werden auf die Rolle des Radikalisierten reduziert, wichtige Ressourcen geraten ins Hintertreffen und das Umfeld bestärkt durch die polarisierende Wahrnehmung im ungünstigsten Fall ein Schwarz-Weiß-Denken der Radikalisierten.

Deshalb sollten Sie nicht den Radikalisierten nur als solchen sehen, sondern auch den Menschen dahinter. Verwechseln Sie einen Menschen nicht mit seiner Meinung. Damit dies gelingt, ist Dialog wichtig. Bringen Sie Jugendliche nicht in Rechtfertigungssituationen, dies bestärkt sie meist in der schwierigen Haltung. Leben Sie Augenhöhe, Respekt mit anderen Meinungen, Toleranz und Verständnis vor.

> **RADIKALISIERUNG – WAS SIE GETROST VERGESSEN KÖNNEN UND WAS HILFT**
>
> Vergessen können Sie:
> - Vorwürfe,
> - Druck – dies erzeugt meist Gegendruck,
> - in die Ecke drängen,
> - moralische Belehrungen.
>
> Was hilft:
> - Interesse am Individuum,
> - Blick auf Ressourcen,
> - Gespräche suchen,
> - Augenhöhe und Respekt anbieten.

Nun kann man sich noch so viel Mühe geben mit der Augenhöhe und dem Respekt – nicht immer folgt das Gegenüber Ihrer Einladung und verhält sich im Umkehrschluss ebenso respektvoll und wertschätzend. Das haben Sie schlichtweg nicht in der Hand, und die Entscheidung, auf einen wertschätzenden Dialog einzusteigen, liegt beim anderen. Deshalb kann es in manchen Fällen auch angezeigt sein, für sich selbst klare Grenzen zu ziehen. Es gibt eben nicht das eine erfolgsversprechende Rezept. Manchmal ist es notwendig, auf das Verhalten Konsequenzen folgen zu lassen. Doch an erster Stelle sollte das Gespräch stehen.

Für viele Betroffenen ist es eine Entlastung, unbeteiligte Dritte zu Rate zu ziehen. Dies kann helfen, die eigenen Gefühle besser zu sortieren und zu verstehen und deeskalierende Verhaltensstrategien zu planen.

Zuletzt ist Selbstreflexion ein weiterer elementarer Baustein im Umgang mit radikalisierten Menschen. Bevor Sie beim anderen hinschauen, schauen Sie bei sich selbst hin.

> **FRAGEN SIE SICH SELBST**
>
> - Weshalb löst der Glaube meiner Tochter/meines Sohnes/ meines Freundes/meiner Schülerin bei mir so eine heftige Abwehrreaktion aus?
> - Was denke ich, was ist falsch oder richtig? Warum?
> - Welche Grundwerte werden bei mir durch die Glaubensansichten des Gegenübers verletzt?
> - Welche Werte verbinden mich weiterhin mit meinem Gegenüber?

Kritische Anmerkungen zum Sektenbegriff

»Vor einigen Jahren lernte ich eine junge Mutter kennen. Irgendwann entstand aus dieser losen Bekanntschaft eine Freundschaft. Als sie mir erzählte, dass sie regelmäßig zu Treffen dieser Gruppe ging, war ich einigermaßen irritiert. Ich hatte diese Gruppierung als sektiererische und abgeschottete, ja in Grundzügen sogar fanatische Gruppe abgespeichert, und das Bild dieser Frau wollte so gar nicht zu meinen Vorurteilen passen. Weder versuchte sie, mich zu überzeugen, noch spielten Glauben und Religion in unserer Freundschaft irgendeine Rolle. Ab diesem Zeitpunkt begann ich meine Urteile und Vorurteile auf den Prüfstand zu stellen. Womöglich waren doch nicht alle Mitglieder der Gruppe fanatische Weltverbesserer, um die man besser einen großen Bogen machen sollte.« So berichtete eine Bekannte.

Wie eingangs erwähnt, hält sich im Alltagsgebrauch der Begriff »Sekte« – obgleich man im politischen Sprachgebrauch zunehmend versucht, Abstand davon zu nehmen. Man ist sich der stigmatisierenden Wirkung dieses Begriffs längst bewusst. Oft werden wir gefragt, ob eine bestimmte Gruppierung eine Sekte sei. Diese Frage impliziert den Wunsch nach einer Einschätzung und nach Orientierung auf einem immer unübersichtlicher werdenden Markt der Weltanschauungen. Welche Angebote sind hilfreich und was ist schädlich? Wo beginnt falscher Glaube und was ist richtiger Glaube? Kann ich Anbieter XY trauen oder hat er es nur auf mein Geld abgesehen? Selbstverständlich gibt es Kriterien, bei denen Sie aufpassen sollten, allerdings spielt vor allem auch die individuelle Passung eine fundamentale Rolle. Denn nicht jedes Angebot ist für jeden hilfreich und passend. Von der eigenen Religionsfreiheit Gebrauch zu machen, bedeutet auch, sich mit Risiken und Nebenwirkungen auseinanderzusetzen, sich nicht unüberlegt verführen zu lassen und die eigenen Wünsche und Bedürfnisse klar zu sehen. Denn unerfüllte Sehnsüchte und Bedürfnisse können anfällig werden lassen für unlautere Angebote.

Die alltagssprachliche Unterscheidung zwischen »Sekte« und »Kirche« und damit eine Einteilung in »richtige Religion« vs. »falsche Religion« sitzt immer noch tief. Vielleicht weil viele Menschen nach wie vor mit einer gewissen Scheu auf Fremdes und Unbekanntes reagieren. Möglicherweise auch, weil man damit signalisiert: Ich stehe auf der richtigen Seite. Aber Schubladendenken fördert nicht unbedingt Toleranz und Offenheit. Da also weiterhin gewisse Vorurteile gegenüber sogenannten Sekten bestehen, verwundert es nicht, dass auch die Sprösslinge der sogenannter Sektierer, die sogenannten Sektenkinder – mit diesem Stigma behaftet – entweder mitleidsvoll behandelt werden oder dass man ihnen ablehnend begegnet.

Immer wieder rufen uns Eltern an, die in Sorge sind um ihre Sprösslinge, weil diese neuerdings in eine »eigenartige Glaubensgruppe«, in eine »Sekte oder sowas in der Art« oder zu »so einem Gurutypen« gehen. Häufig wird mit dem alltagspsychologischen Sektenbegriff eine Gruppe gemeint, die in irgendeiner Weise unethisch handelt, manipuliert oder sich abschottet. Sektierer, das sind in der Wahrnehmung der meisten Menschen »die Bösen«.

Ursprünglich kommt der Begriff der Sekte vom lateinischen Wort »secta«, was so viel wie Lehre, Richtung oder Weg heißt. Gleichzeitig spricht die lateinische Verbform »secare« von schneiden oder trennen. Beide Übersetzungen assoziieren wir mit dem Begriff der »Sekte«: eine Lehre, der gefolgt wird, und eine Zugehörigkeit zu einer Gruppe oder Glaubensrichtung, die Anhängerinnen und Anhänger von anderen Überzeugungen trennt oder unterscheidet.

Der Begriff der sogenannten Sekte birgt jedoch angesichts der bereits erwähnten gesellschaftlichen Veränderungen in seiner Verwendung zunehmend Schwierigkeiten. Durch seine semantische Vielschichtigkeit bietet er einen Nährboden für plakative Verurteilungen und Wertungsmuster, die es insbesondere in der pädagogischen Arbeit zu vermeiden gilt (Interministerielle Arbeitsgruppe, 2019).

Vor allem im behördlichen Gebrauch wird daher von »gefährlichen religiös-weltanschaulichen Angeboten« gesprochen. Dieser Begriff ermöglicht es, unter Berücksichtigung der gesellschaftlichen Veränderungsprozesse, im Fachbereich einen diskursiven Standpunkt einzunehmen, Phänomene zu benennen und sie zu bearbeiten.

Die Verwendung der Bezeichnung »Angebote« spiegelt die verschiedensten religiös-weltanschaulichen Strömungen – auch die teils unorganisierten und nicht zentralisierten – wider. Ferner ermöglicht sie es, die Schnittmengen und Grauzonen einiger Bereiche mitaufzunehmen, was der ursprüngliche Sektenbegriff nicht vermag.

Der Begriff »gefährlich« nimmt das Element auf, das für Ratsuchende in der Verwendung des Sektenbegriffs zentral erscheint: Wird ein Angebot, eine Gruppe oder ein konkreter Anbieter behördlich überwacht oder gibt es sogar behördliche Warnungen? »Das Attribut knüpft an die Verwendung des Begriffs der ›Gefahr‹ in anderen Zusammenhängen an, so insbesondere am Gefahrenbegriff des Polizeirechts sowie an den Begriff der Kindeswohlgefährdung«, so heißt es im »10. Bericht der Interministeriellen Arbeitsgruppe für Fragen sogenannter Sekten und Psychogruppen« in Baden-Württemberg vom 4. April 2019 (Interministerielle Arbeitsgruppe, 2019).

Konkret bedeutet das: Ein Angebot ist dann gefährlich, wenn individuelle, aber auch die in der öffentlichen Sicherheit und Ordnung enthaltenen Rechtsgüter gefährdet sind oder werden. Für die pädagogische Arbeit ist diese Begriffsunterscheidung wesentlich, denn sie schafft die Grundlage für präventives Tätigwerden der Behörden.

Um dennoch eine neutrale Abstufung hinsichtlich religiös-weltanschaulicher Angebote zu ermöglichen, die nicht unmittelbar in den Bereich der Gefährdung fallen, wird im wissenschaftlichen Diskurs der Begriff der Konflikträchtigkeit verwendet. Er markiert das Spannungs- oder auch Reibungspotenzial eines Angebots hinsichtlich der Bürgerinnen und Bürger bzw. der möglichen Konsumenten.

Filterblase analog und digital

Neben den beschriebenen gesellschaftlichen Veränderungen in Bezug auf Religion und Glaube befinden sich auch der mediale Umgang mit Religionen und das öffentliche Interesse an Religionen im Umbruch. Per Youtube und anderen Channels kann sich jeder mit seiner eigenen Meinung und seinen Überzeugungen (mehr oder weniger gekonnt) in Szene setzen. Es zeigt sich, dass gerade im Bereich der säkularen Glaubensüberzeugungen (Stichwort »Verschwörungstheorien«) längst erkannt wurde, welche partizipatorischen Vorteile diverse Foren bieten. Das Internet als dereinst basisdemokratisches Medium scheint paradoxerweise heutzutage genau diese Basisdemokratie zu gefährden.

Das Internet überschwemmt uns regelrecht mit einer Fülle von ungefilterten Informationen und Angeboten. Viele davon sind weder wissenschaftlich noch berichten sie neutral über bestimmte Sachverhalte. Es bedarf eines geschulten Auges und einer guten Medienkompetenz, um beispielsweise Fake News und unseriöse Angebote zu erkennen.

Anbieter von religiösen oder weltanschaulichen Inhalten nutzen dieses niederschwellige Medium, um ihre Ideologien oder Ware leichter an die Verbraucherinnen und Verbraucher zu bringen. Das Internet lässt dabei Anonymität bei maximaler Flexibilität zu. Den Zugriff oder auch die Überwachung von Behörden kann man so gleichermaßen erschweren oder gar umgehen.

Wir alle leben mehr oder weniger stark in Filterblasen, ohne dass uns dies bewusst ist. Die Psychologie benennt dies mit dem Stichwort »soziale Homophilie«: Längst weiß man, dass Menschen es generell mögen, recht zu haben und sich gerne in ihren Meinungen und Weltanschauungen bestätigt fühlen. Für die wenigsten Menschen ist es angenehm, das Gefühl zu haben, falsch zu liegen. Deswegen neigen wir dazu, uns sowohl digital als auch analog Referenzgruppen zu suchen, welche die eigene Meinung und Weltsicht bestätigen. Denn recht zu haben, fühlt sich gut an und aktiviert unser innerpsychisches Belohnungssystem.

Bevor wir nun also Filterblasen als Problem der »anderen« definieren, sollten wir uns erst mal an unsere eigene Nase fassen und uns fragen, inwieweit wir selbst Teil von Filterblasen sind. Diese Fähigkeit zur Selbstreflexion sollte eine Grundvoraussetzung sein, wenn wir uns mit sogenannten Filterblasenkindern beschäftigen. Wenn wir anderen vorwerfen, nicht über den eigenen Tellerrand zu schauen, nur noch König ihres eigenen Wertekosmos zu sein, dann sollten wir zunächst aus einer selbstkritischen Haltung heraus prüfen, ob es uns selbst gelingt, über unseren eigenen Horizont hinauszugehen.

Checkliste: Gefährliche Gruppierungen erkennen

Wir leben in einer Welt, die vielfältig und unübersichtlich ist. Das gilt auch für unterschiedliche religiöse Überzeugungen. Diese Vielfalt kann als Bereicherung, manchmal aber auch als Verunsicherung empfunden werden. Viele Menschen sind auf der Suche nach Sinn und Erfüllung. Religiöse Gruppierungen bieten Antworten auf existenzielle Fragen. Die Zugehörigkeit zu ihnen ist für viele Menschen deshalb eine positive Erfahrung. Die Gruppierung gibt nicht nur Antworten auf Fragen nach Gut und Böse, Falsch und Wahr, sondern auch ein Gefühl von Geborgenheit und Orientierung.

Allerdings fordert die Zugehörigkeit zu manchen religiösen Gruppierungen auch ihren Preis. Die folgende Checkliste soll dabei helfen, die Risiken von Gruppierungen besser einzuschätzen.

> **CHECKLISTE RISIKEN VON GRUPPIERUNGEN**
>
> **Risikofaktor Sozialkontrolle:**
> - Übt die Gruppe eine starke soziale Kontrolle aus?
> - Ist die Einzelperson übermäßig stark zeitlich eingebunden?
> - Werden bisher wichtige Beziehungen grundlos fallen gelassen?
> - Wird die Teilnahme an gesellschaftlichen Veranstaltungen abgelehnt?
> - Werden familiäre Bindungen gelöst/zerstört?
> - Dürfen Kinder auch mit Kindern befreundet sein, die nicht zur Gruppierung gehören?
> - Werden Kinder zu Außenseitern?
>
> **Risikofaktor Finanzen:**
> - Wird der gesamte persönliche Besitz der Gruppierung übergeben?
> - Fordert die Gruppierung hohe Zahlungen für Kurse oder Mitgliedschaften?

- Werden Spenden und Spender öffentlich honoriert?
- Wird Druck aufgebaut, zu spenden?

Risikofaktor Bildungsfeindlichkeit:
- Wird die schulische Laufbahn von Kindern/Jugendlichen behindert?
- Wird das Lesen von weltlicher Literatur untersagt?
- Wird es Kindern untersagt, an außerschulischen Bildungsangeboten teilzunehmen?
- Wird eine altersgemäße Förderung untersagt?
- Wird Schulbildung als weltlich und unwichtig abgetan?

Risikofaktor Demokratiefeindlichkeit:
- Wird die Teilnahme an Wahlen für unwichtig erklärt?
- Wird ein hierarchisches Familien- und Gemeinschaftsmodell vorgelebt?
- Lehnt die Gruppierung die Gesellschaft ab?
- Lehnt die Gruppierung Vernetzung mit anderen Gruppen und Institutionen ab?
- Stehen Gruppenregeln über allgemeinen Gesellschaftsregeln?
- Werden Feindbilder gepflegt und aufgebaut?
- Erfolgt eine Distanzierung von gesellschaftlich anerkannten und grundrechtlich geschützten Werten?

Risikofaktor Gesundheit:
- Wird Suchtverhalten gefördert?
- Bestehen Abhängigkeitsbeziehungen?
- Greift die Gruppierung so in Ernährungsgewohnheiten ein, dass eine gesundheitsschädigende Wirkung entsteht?
- Lehnt die Gruppierung Impfungen ab?
- Äußert sich die Gruppierung kritisch gegenüber der Schulmedizin?

Risikofaktor Kindeswohl:
- Wird die seelische, geistige und soziale Entwicklung des Kindes behindert?

- Werden körperliche oder andere sehr restriktive Sanktionierungsmaßnahmen vorgeschlagen?
- Hat die Schriftauslegung eine höhere Bedeutung als gesetzlich verankerte Kindesrechte?

Risikofaktor Schwarz-Weiß-Denken:
- Wird das eigene Weltbild als das einzig richtige dargestellt?
- Werden andere Ansichten lächerlich gemacht, als teuflisch dargestellt oder abgelehnt?
- Werden kritische Diskussionen und Meinungen unterbunden?
- Hält sich die Gruppe für elitär?
- Werden Zweifel als Charakterschwäche abgetan?
- Werden andere Meinungen als Fake News oder Lügen klassifiziert?
- Wird wissenschaftliches Denken abgelehnt oder geringgeschätzt?

Risikofaktor Abhängigkeit:
- Steht ein »Meister« im Mittelpunkt, der sich auf einer höheren Stufe befindet als die anderen Mitglieder?
- Wird absoluter Gehorsam gefordert?
- Werden sämtliche sozialen Kontakte nach außen untersagt?
- Fühlt sich eine Ablösung von der Gruppierung bedrohlich an?

Chancen und Risiken der Filterblase

Jede Medaille hat zwei Seiten. Genauso verhält es sich auch, wenn Kinder in religiösen Intensivgruppierungen aufwachsen oder Menschen sich in solche Filterblasen zurückziehen. Seitens der Öffentlichkeit wird der Fokus oft auf die defizitären Aspekte gelegt, man empört sich über Vorschriften und Verbote und stellt die Erziehungskompetenz der Eltern infrage. Und gerade dann, wenn gläubige Eltern das Kindeswohl verletzen, geht ein Aufschrei durch die Medien. Vielleicht deshalb, weil die Gesellschaft von religiösen Menschen höhere moralische Maßstäbe erwartet. Sicherlich hat diese Empörung ihre Berechtigung. Allerdings fehlt bei dieser defizitär orientierten

Perspektive der Blick auf Ressourcen. Denn es kann für manche Menschen mitunter trotz negativer Aspekte auch positive Auswirkungen haben, wenn sie einer religiösen Gruppierung angehören und abtauchen in die Geborgenheit ihrer Filterblase.

Auf der beschreibenden Ebene können wir zunächst einige Merkmale von religiösen Intensivgruppierungen neutral erfassen. So besteht beispielsweise in solchen Gruppen ein erhöhter Gruppenbezug. Hemminger (2003, S. 228) bezeichnet es als charakteristisch für Intensivgruppen, dass die individuelle Freiheit gegen kollektive Sicherheit eingetauscht werde. Damit bringt er bereits einen sehr fundamentalen Aspekt auf den Punkt: Sich für Sicherheit zu entscheiden, bedeutet, auf Freiheit zu verzichten, und umgekehrt bedeutet die Entscheidung für Freiheit ein Verzicht auf Sicherheiten – überspitzt formuliert. Je nach persönlicher Veranlagung tendieren Menschen eher in die eine oder andere Richtung. Solange man sich also aus freien Stücken für oder gegen eine bestimmte Gruppierung entscheidet, kann hier jeder von seinem Recht auf Religionsfreiheit Gebrauch machen und nach seiner Façon wählen. Schwieriger wird es allerdings, wenn Kinder in solche Gruppierungen hineingeboren werden und irgendwann einmal für sich spüren, dass sie auf die Sicherheiten, welche die Gruppe bietet, verzichten möchten zugunsten von mehr Freiheiten.

»Für meine ältere Schwester ist es gut, in der Gruppe zu bleiben. Sie ist sehr instabil und braucht den sicheren Rahmen der Gruppe und das Gemeinschaftsgefühl. Ich jedoch merke, dass mir diese Enge und diese Engstirnigkeit auf die Nerven geht. Ich möchte meine Sexualität ausleben, mich verlieben und frei sein«, erzählt Ann (17 Jahre), die sich gerade in der Entscheidungsphase befindet, ob sie die Gruppierung ihrer Eltern verlassen möchte oder nicht.

Wir sehen an diesem Beispiel: Die Schwestern wuchsen unter ähnlichen Bedingungen auf, beide haben jedoch verschiedene Bedürfnisse, die sie beeinflussen in der Haltung gegenüber der Gruppierung. Neben all dem, was negativ mit Gruppenzugehörigkeit konnotiert wird (wie etwa Gruppenzwang, Druck und Ähnliches), haben Gruppen eben auch wichtige Funktionen und können eine Chance sein.

Die Zugehörigkeit zu einer Gruppe kann dazu beitragen, Ängste zu reduzieren. Menschen sind soziale Wesen und sind – auch evolutionär bedingt – darauf ausgerichtet, in Gruppen zu leben. Menschen sind Rudeltiere. Es ist ein tief verankertes menschliches Bedürfnis, zu einer Gruppe dazuzugehören. »Das Erste, was jemand tut, der sich nicht den Standards der Norm unterwerfen will, ist, sich eine andere Gruppe zu suchen, der er sich stattdessen anpassen kann«, schreibt Burnett (2018, S. 275) sehr treffend. Auch im religiösen Kontext spielt die Anbindung an eine Bezugsgruppe eine fundamentale Rolle. Gruppierungen prägen unser Verhalten und bisweilen auch die Art und Weise, wie wir uns positionieren bzw. welche Überzeugungen wir vertreten. Die Psychologie forscht seit vielen Jahren zu Gruppenprozessen und beschreibt dabei beispielsweise strukturelle Prozesse, Gruppenphasen oder auch Zielverhandlungen (z. B. Birrer u. Seiler, 2008). Doch Gruppe ist nicht gleich Gruppe, sondern wir haben es mit dynamischen Systemen zu tun, die ganz verschieden sein können und sich nicht immer »lehrbuchartig« verhalten. Neben allgemeinen Aspekten sollen auch die »dunklen Seiten der Gruppenzugehörigkeit« dargestellt werden (Antons, 2009).

Ganz grundsätzlich ist es ein evolutionärer Vorteil, Mitglied einer Gruppe zu sein. Die Gruppe hilft beim effektiveren Handling von Gefahren, ermöglicht Kooperation und erhöht die Überlebenschancen. Zwar leben wir nicht mehr in einer Kultur, in welcher Gruppenzugehörigkeit überlebensrelevant ist, dennoch haben wir Menschen kulturübergreifend eine Prädisposition zur Gruppenbildung und damit einhergehend ein ganz natürliches Bedürfnis nach Zugehörigkeit. Religiöse Gruppierungen bedienen dieses Bedürfnis nach Zugehörigkeit, es werden verbindliche Gruppenstrukturen, feste zeitliche Einbindungen und soziale Kontakte zu Gleichgesinnten geboten. Dies kann gerade auch für Menschen, die keine vergleichbare soziale Einbindung haben, denen etwa ein Gefühl der Zugehörigkeit temporär abhandengekommen ist, attraktiv wirken.

Gruppen erfüllen aber nicht nur das Bedürfnis nach Zugehörigkeit. Gleichzeitig werden auch die soziale Realität und das Selbstkonzept durch Gruppen beeinflusst. Gruppen definieren erwünschtes oder unerwünschtes Verhalten und schaffen dadurch Orientierung, Sicherheit und Sinn.

Je exklusiver die Anbindung an eine Gruppierung ist, desto eher verhindert dies Beziehungen zu anderen Gruppen: Der Konformitätsdruck wächst und die innere Freiheit nimmt ab, auch Beziehungen zur Außenwelt werden weniger. Und gleichzeitig ist da diese Gruppe, in der man sich wohl- und geborgen fühlen kann, es bestehen enge und vertrauensvolle Beziehungen innerhalb der Gruppierung, und man ist nicht mehr allein. Idealisierung der Gruppierung und eine gleichzeitige Dämonisierung der Außenwelt sind in exklusiven Gruppierungen häufig der Fall. Hemminger (2003, S. 270) erklärt dies folgendermaßen: »Wenn eine Gruppe die Selbstidealisierung zu weit treibt, wird die Projektion negativer Befindlichkeiten nach außen unvermeidlich. Das Feindbild ist die nötige Folge des Fanatismus. Für die Verdrängung der Konflikte und Aggressionen innerhalb der Gruppe bezahlt man deshalb mit Ängsten und Aggressionen nach außen hin«. Wir sehen also bereits an diesem kurzen Beispiel: Alles hat seinen Preis.

Jedes Merkmal einer Intensivgruppierung kann letztlich sowohl Risiken als auch Chancen bergen. Sehr treffend fasst dies Hemminger (S. 243) zusammen: »Verstößt eine Erziehung in der Familie, die Kritikfähigkeit und selbstständiges Denken nicht anstrebt, wie bei den Zeugen Jehovas, deshalb gegen das Kindeswohl, weil sie die Orientierung in der modernen Kultur erschwert – allerdings auch das Leben in der eigenen Gemeinschaft erleichtert?«

Spirituelle Entwicklung oder Schwarz-Weiß-Denken

Charakteristisch für eine Intensivgruppe ist deren geschlossenes Überzeugungssystem. Alles ist in sich schlüssig, erklärbar und ergibt einen Sinn. Das kann entlastend sein, aber auch zu einer Simplifizierung des Denkens und zur Überbewertung der eigenen Ideen und Abwertung anderer Ansichten führen. Im schlimmsten Fall können geschlossene Überzeugungssysteme ein kritisches Hinterfragen, beispielsweise auch diverser Erziehungspraktiken, verhindern, wie dies Ann berichtet: »In der Bibel steht, dass man Kinder schlagen soll. Und deswegen haben das meine Eltern auch getan. Sie haben nicht im Affekt zugeschlagen, sondern wohlüberlegt. Ganz einfach, weil es so da steht. Und weil die Gruppe das bestärkt. Sie haben das einfach nie hinterfragt und fühlten sich damit auch nicht schlecht.« An diesem Beispiel sehen wir, wie Eltern untaugliche Erziehungsmaßnahmen anwenden, schlichtweg, weil sie ihr Überzeugungssystem nicht hinterfragen. Gerade wenn Kinder älter werden, beginnen sie Fragen zu stellen, wollen sich von den Eltern abgrenzen und wollen hinterfragen. Eltern aus geschlossenen religiösen Gruppierungen fehlt hier manchmal die Offenheit für kritische Fragen, und dies verhindert Dialog und Austausch.

So berichtet es auch Johannes (16 Jahre): »Ich wollte mit meinem Vater über meine Zweifel sprechen. Aber ich stieß auf taube Ohren. Mein Vater sagt, dass Zweifel von Satan gesät seien und dass er mit mir beten wolle, damit der kritische Dämon, der mich befallen habe, aus mir weiche. Ich habe es zwei- oder dreimal versucht, aber es hat keinen Sinn. Man kann ebenso gegen eine Wand sprechen.«

Diese Beispiele zeigen vor allem die ungünstigen Auswirkungen. Allerdings gibt es auch positive Aspekte: Indem die Ideen- und Lebenswelt sehr übersichtlich und geordnet sind, entsteht eine gewisse Überschaubarkeit und dadurch auch Handlungssicherheit für Kinder. Kinder wissen, was erwünschtes und was unerwünschtes Verhalten ist, haben klare Orientierungsrichtlinien. Auch Schowalter und Murken (2003, S. 149) weisen darauf hin, dass Menschen, welche die Welt in sich als schlüssig erleben und die grundlegenden Fragen nach dem Sinn des Lebens beantworten können, psychisch gesünder sind als Menschen, die ihre Umgebung als unkontrollierbar erfahren. Unsere Welt wird heute von vielen Menschen als komplex und manchmal auch unüberschaubar wahrgenommen, umso verständlicher ist es also, dass eine Sehnsucht nach überschaubaren Weltbildern entsteht, die Komplexität reduzieren und Handlungssicherheit vermitteln.

Gesund oder ungesund?

Wenn Eltern ihren Kindern Chlordioxid einflößen, aus der tiefen Überzeugung, dem Sprössling etwas Gutes zu tun, dann wird deutlich: Geschlossene Weltbilder können auch ganz konkrete gesundheitliche Risiken begünstigen. Weil sich die Eltern in der exklusiven Kenntnis eines absolut wirkmächtigen Wissens wägen und keine Bereitschaft mehr besteht, dies zu hinterfragen, können Überzeugungen Taten folgen. Gerade wenn es um die physische und psychische Gesundheit von Kindern geht, wird dies eklatant. Beispiele hierfür sind vielfältig und meist haarsträubend. Meist handeln Eltern aus der tiefen Überzeugung, das Beste zu tun, wenn sie Kinder etwa stundenlang meditieren lassen, wenn sie die geistige Förderung vernachlässigen, wenn medizinische Behandlungen verweigert werden usw.

»In unserer Gruppe ist es verboten, Alkohol zu trinken, Sex vor der Ehe zu haben und auch rauchen wird nicht gerne gesehen. Deswegen muss ich sagen, dass die Jugendlichen in unserer Gruppe eigentlich echt viel gesünder aufwachsen. Bei uns gibt es kein Komasaufen, keine Drogen und keine Geschlechtskrankheiten. Ich finde das eigentlich auch ganz gut«, erzählt Leo (15 Jahre).

Das zeigt: Manchmal können die Ratschläge zur Lebensführung und die enge soziale Kontrolle zu ihrer Einhaltung auch einen gesundheitsfördernden Aspekt haben. In diesem Sinne können auch gesundheitliche Auswirkungen geschlossener religiöser Gruppierungen ambivalent sein.

Schowalter und Murken bestätigen mit ihrer Theorie der verhaltensregulierenden Wirkung von Religion die Annahme, dass strenge Vorschriften hinsichtlich einer gesunden Lebensführung auch positive Auswirkungen auf Mitglieder einer Intensivgruppierung haben können: »Religiös begründete Speise-, Reinigungs- und Sexualvorschriften führen dazu, dass weniger gesundheitsschädliches Verhalten – wie Rauchen, Alkohol- und Drogengebrauch und wechselnde Sexualkontakte – gezeigt wird« (Schowalter u. Murken, 2003, S. 149).

Rudelzugehörigkeit oder Beziehungsverlust?

Geschlossenheit und Exklusivität sind nach Hemminger Merkmale religiöser Intensivgruppierungen. Die genannten Merkmale können starke Milieukontrolle, hohen Konformitätsdruck nach innen, Feindbilder und eine Schwarz-Weiß-Sicht der Außenwelt bewirken. Bei Gruppen mit ausgeprägtem Sendungsbewusstsein und Gruppenegoismus kann dies zu außengeleitetem und damit nicht beziehungsgerechtem Handeln der Eltern (stark prinzipienorientierter Erziehung) und zu geringerer Wahrnehmung individueller Bedürfnisse des Kindes führen. Dadurch droht ihm die Gefahr, eine zur Gruppe hin abgrenzungsschwache, zur Außenwelt hin wenig beziehungsfähige Persönlichkeit auszubilden. In der Schulzeit besteht die Gefahr, dass das Kind in eine Außenseiterrolle unter den Gleichaltrigen fällt, und in der Jugend können schwere Ablösungskämpfe von den Eltern stattfinden (Hemminger, 2003, S. 241).

Doch gibt es auch die gegenteilige Wirkung von Intensivgruppen mit den Merkmalen Geschlossenheit und Exklusivität. Manche Kinder entwickeln eine hohe Orientierung am Gemeinwohl und zeigen ein ausgeprägtes Interesse an anderen. Teils entwickeln diese Kinder, wie Hemminger am Beispiel der Mormonen zeigt, erhöhte soziale Kompetenzen. In diesen Kreisen gibt es strenge Normen und Vorschriften, doch gleichzeitig wachsen Kinder dort auch behüteter auf als in anderen Milieus (S. 241).

Schowalter und Murken (2003, S. 148) drücken in ihrer Theorie der sozialen Unterstützung die Wichtigkeit der Gruppenzugehörigkeit im Zusammenhang mit Wohlbefinden wie folgt aus: »Fühlen sich Menschen einer sozialen Gruppe zugehörig und erleben sie dort soziale Unterstützung und enge vertrauensvolle Beziehungen, so hat dies einen positiven Einfluss auf das allgemeine Wohlbefinden, den Umgang mit kritischen Lebensereignissen und psychische und physische Gesundheit«. Nach Grom (2007) fördern religiöse Intensivgruppen darüber hinaus ein Klima gegenseitigen Vertrauens und einen emotional bedeutenden Austausch. Er sieht jedoch die Gefahr der emotionalen Abhängigkeit, die sich gerade dann ergibt, wenn Interessenten mit ausgeprägtem Zuwendungsbedürfnis angesprochen werden.

Es wird also deutlich: Die Zugehörigkeit zu einem »religiösen Rudel« ist ein zweischneidiges Schwert. In vielerlei Hinsicht profitieren Kinder, aber sie zahlen dafür auch einen Preis. Kosten und Nutzen hängen dabei von vielfältigen inneren und äußeren Faktoren ab und lassen sich keinesfalls pauschalisieren.

Selbstkontrolle oder Überforderung?

Religiöse Intensivgruppierungen fordern in der Regel ein höheres zeitliches Engagement des oder der Zugehörigen. Eine Bindung an eine religiöse Intensivgruppe setzt z. B. die Bereitschaft zu häufigen Gruppenzusammenkünften im Rahmen von Unterweisungen, Gottesdiensten und Ähnlichem voraus. Weiterhin definiert sich Wert und Geltung einer Person in Intensivgruppen häufig nach dem Leistungsprinzip, das heißt, persönliche Bedürfnisse und Interessen sind oft sekundär und den Zielen der Gruppierung unterzuordnen, vorrangig geht es um Leistungen für die Gruppe und deren Ziele. Als Folge eines solchen Leistungsprinzips kann sich für Kinder eine zeitliche und emotionale sowie eine Vernachlässigung von Entwicklungsbedürfnissen ergeben, die von der Gruppierung nicht für wichtig erachtet werden. Eltern können unter Leistungsdruck (und damit zeitlicher, körperlicher und seelischer Überlastung) geraten, was wiederum Auswirkung auf deren Beziehung zu den Kindern hat. Hemminger (2003, S. 241 f.) nennt jedoch auch Vorteile einer hohen Leistungsbereitschaft von Eltern. So können die Selbstkontrolle, Zielstrebigkeit, Einsatzbereitschaft und Frustrationstoleranz bei Kindern in religiösen Intensivgruppierungen höher entwickelt sein als bei Altersgenossen.

Innenwelt versus Außenwelt

Kontakte außerhalb der Filterblase entstehen hierzulande durch die Schulpflicht spätestens mit Schuleintritt. Deshalb ergibt sich oft ein besonderes Konfliktpotenzial, wenn Kinder aus religiösen Intensivgruppierungen mit dem staatlichen Bildungssystem in Berührung kommen. Kinder sind hier gewissermaßen in der Zerreißprobe. Sie kennen nur die Innenwelt ihrer Gemeinschaft und kommen über die Schule in Kontakt mit anderen Weltsichten, Kindern und Lebensmodellen. Bisweilen wurde ihnen zu Hause ein sehr negatives Bild über die Außenwelt und insbesondere die Schule vermittelt. Dieses Spannungsverhältnis stellt für diese Kinder eine hohe Herausforderung dar.

So spiegeln die Lebensgeschichten im zweiten Teil des Buches unterschiedlichste Strategien und Erfahrungen im Umgang mit diesem Spannungsverhältnis: Manche Kinder geraten in Außenseiterrollen, übernehmen die ablehnenden Einstellung der Eltern; andere beginnen zu rebellieren und stellen die Eltern infrage, manche tun dies offen, manche entwickeln eine Art Parallelleben. Eine Strategie, diesem Spannungsverhältnis zu entgehen, besteht in dem Versuch, die Kinder auf Privatschulen zu schicken oder als Gruppierung selbst entsprechende Einrichtungen zu gründen. Gerade im Zusammenhang mit der Coronapandemie und der Querdenkerbewegung gab und gibt es zahlreiche Bestrebungen, Kinder in privaten Schulen unterzubringen oder eigene Schulen zu gründen.

Nicht zufällig brechen Konflikte zwischen religiösen Gemeinschaften und dem säkularen Verfassungsstaat häufig an Schulfragen auf, und einige Gemeinschaften versuchen, ihre Kinder durch Privatschulen vor dem Einwirken säkularer (oder für sie ideologisch unverträglicher) Bildungsmaßnahmen abzuschirmen (Hemminger, 2003, S. 243).

Für Kinder von religiösen Gemeinschaften kann es von Vorteil sein, durch die staatliche Schule mit differierendem Gedankengut in Kontakt zu kommen. Genauso kann die neu erfahrene, von humanistischen Bildungsidealen geprägte Welt das Kind auch in schwere Zweifel und Nöte führen, weil es zwei völlig unterschiedlichen Denk- und Lebensmodellen begegnet. Doch gerade die Lebensgeschichten der Kinder, die trotz des Spannungsverhältnisses Schule als positive Erfahrung verbuchen, verdeutlichen, dass Pädagogen einiges dazu beitragen können, die Schulzeit zu einer Chance werden zu lassen. Weil diese Erfahrungen so wichtig in den Biografien von Filterblasenkindern sind, werden wir darauf in dem Kapitel »Filterblasenkinder in der Schule« gesondert eingehen.

Grundsätzlich jedoch sollte innerhalb der Schulen und seitens der Lehrpersonen ein tolerierender, unvoreingenommener und offener Umgang mit anderen Glaubensrichtungen herrschen, denn gerade Lehrerinnen und Lehrer sind aufgrund ihrer Vorbildfunktion mitverantwortlich, in welcher Weise die Zugehörigkeit des Kindes zu einer religiösen Intensivgruppe thematisiert wird.

Stärkung der Familie oder Zerreißprobe?

Auf systemischer Eben hat die Zugehörigkeit zu einer religiösen Intensivgruppe diverse Auswirkungen, insbesondere auch auf das Subsystem der Familie. Eine religiöse Gruppierung und deren Gedankengut beeinflusst innerfamiliäre Konstellationen, Erziehungshaltungen, Beziehungen und vieles mehr. Der Zwischenbericht der Enquete-Kommission »Sogenannte Sekten und Psychogruppen«

nennt einige Problemkonstellationen, die sich bei einer Zugehörigkeit der Eltern zu einer religiösen Gruppierung für die Kinder ergeben können (Deutscher Bundestag, 1997, S. 196):
- Mangelnde Autonomie und Abhängigkeitsverhältnisse der Eltern können den Umgang der Eltern mit den Kindern von Gruppenzwängen bestimmt werden lassen.
- Wenn die Beziehungsnetze außerhalb der Gruppierung nicht mehr bestehen, droht die Gefahr, dass Eltern auch bei zunehmender Belastung und destruktiven Dynamiken in der Gruppierung bleiben. Mangelnde Autonomie und Eigenständigkeit der Eltern kann Auswirkungen auf die Autonomieentwicklung der Kinder haben.
- Wenn Eltern zu stark divergierenden Glaubensüberzeugungen neigen, können dadurch Partnerprobleme und Konflikte entstehen. Solche Konflikte sind für Kinder und Heranwachsende sehr belastend.
- Wenn Kinder sich zwischen zwei unterschiedlichen religiösen Lebensentwürfen befinden, können Loyalitätsprobleme entstehen.

Gerade Sorgerechtsstreitigkeiten belegen, inwiefern divergierende Glaubensüberzeugungen als Argument in der Auseinandersetzung der Eltern vorgebracht werden. Hier besteht vor allem die Gefahr eines Loyalitätskonflikts für das Kind/den Heranwachsenden. Eltern entsprechender Gruppierungen können die zunehmend eigenständige und individuelle Lebensführung ihrer Jugendlichen als Verlust und Infragestellung der eigenen Überzeugungen erleben. Dadurch befindet sich der autonomiesuchende Heranwachsende in einer Gegenposition zum Weltbild der Eltern. Ernsthafte Problemkonstellationen können sich ergeben, wenn der Jugendliche sich für einen Lebensweg entscheidet, der nicht mit den Vorstellungen der Eltern konvergent ist.

Doch religiöse Intensivgruppierungen können innerfamiliäre Situationen auch positiv beeinflussen. Manche Gruppen messen der Familie und Ehe einen hohen Stellenwert bei. Dies kann unter Umständen dazu beitragen, eine größere Bereitschaft für das Lösen von Beziehungsschwierigkeiten zwischen den Eltern zu erreichen.

Empirisch belegen lässt sich die familienstabilisierende Wirkung mit Befunden (Richards u. Bergin, 1997; Call u. Heaton, 1997), die zu dem Ergebnis kommen, dass es bei Menschen, die einer religiösen Gemeinschaft mit entsprechenden Idealen angehören, seltener zu Ehescheidungen kommt.

Zugehörigkeit oder Gruppenzwang?

Gruppendruck bedeutet, dass man Dinge tut, trägt oder sagt, die eigentlich nicht dem eigenen Willen, dem eigenen Geschmack oder der eigenen Meinung entsprechen. In der Fachsprache nennt man dies »normative soziale Beeinflussung« (Jonas, Stroebe u. Hewstone, 2013). Wenn Menschen unter dem Einfluss der Gruppe von der eigenen Meinung abrücken, fällt dies unter normative soziale Beeinflussung. Manchmal geschieht dies aus Angst vor Ablehnung oder negativen Konsequenzen. »Mit beunruhigender Häufigkeit räumt unser Gehirn einem Gemochtwerden den Vorzug vor einem Rechthaben ein« (Burnett, 2018, S. 306). Damit bringt Burnett auf den Punkt, dass eine Motivation auch sein kann, die Anerkennung der Gruppe nicht zu verspielen.

Bekannt ist in diesem Kontext das Konformitätsexperiment von Salomon Asch, der in einem Versuch mit kleinen Gruppen jeweils einer Versuchsperson einen Zettel mit drei unterschiedlich langen Strichen zeigte mit der Frage, welcher davon der längste sei. Antworteten alle eingeweihten Gruppenmitglieder mit einem falschen Ergebnis, schlossen sich die Versuchsteilnehmer in drei Viertel aller Fälle dem falschen Ergebnis an (Asch, 1956). Dies liegt nicht daran, dass sich die Wahrnehmung veränderte, sondern zumeist wollten die Versuchsteilnehmer keinen Anlass für Diskussionen bieten, nicht unangenehm auffallen und die Zusammengehörigkeit der Gruppe nicht infrage stellen.

Dieses kleine Experiment verdeutlicht, dass die Gruppe selbst keinen aktiven Druck oder gar Zwang aufwendet, sondern der Betreffende sich aus freien Stücken der Gruppe unterwirft. Weil er dazugehören möchte, gemocht werden will und dies offenbar in vielen Fällen wichtiger scheint als die Wahrheit. Deswegen gehen Menschen »faule Kompromisse« ein und tun so, als seien die Überzeugungen der Gruppe auch die eigenen, obwohl manchmal die eigenen inneren Überzeugungen andere sind. Bisweilen werden wir gefragt, ob Menschen, die sich einer Intensivgruppierung anschließen, instabil oder einfach nur verrückt seien. Dass dem nicht so sein muss, wird hier aber deutlich: Der Wunsch nach Gruppenzugehörigkeit schlummert in uns allen und beeinflusst die meisten Menschen in ihrem Verhalten – und ist so gesehen eine zutiefst menschliche Eigenschaft.

Gehorsam gegen Autoritäten: Schattenseiten und Vorteile
Menschen sind in der Lage, sich gegenseitig auf Befehl Schmerzen zuzufügen (Milgram, 1963). Wenn der Versuchsleiter, wie im Milgram-Experiment, den Befehl gab, vermeintliche Probanden mit an Intensität zunehmenden Stromstößen zu foltern, leisteten 65 Prozent diesem Befehl Folge. Fazit dieser Experimente ist u. a., dass ein beträchtlicher Teil der Menschheit bereit ist, sich Autoritätspersonen zu unterwerfen und diesen zu gehorchen. Die Verantwortung für etwaige Folgen der eigenen Handlungen wird an die Autoritätsperson delegiert. Autoritätszuschreibungen erhöhen sich mit räumlicher Nähe und Aussehen (weißer Kittel war in besagtem Experiment von Vorteil).

Eine Schlussfolgerung dieses Experiments ist es auch, dass der blinde Gehorsam offenbar evolutionäre Vorteile bietet. Die menschliche Neigung, Autoritäten anzuerkennen, macht das Arbeiten in Gruppen effizienter. Aber diese sehr menschliche Eigenschaft hat eben auch ihre Schattenseite. Denn eine Gefolgschaft, die blinden Gehorsam leistet, lässt sich optimal ausnutzen und für eigene Zwecke instrumentalisieren. Gerade autoritär geführte Gruppierungen bergen hier ein hohes Risikopotenzial.

Religiöse Sozialisation und Erziehung

Es ist im Rahmen dieser Veröffentlichung nicht möglich, die religiöse Entwicklung des Kindes in ihrer ganzen Bandbreite zu diskutieren. Fowler (1991) beschreibt sieben Stufen der religiösen Entwicklung, ebenso kommen auch Oser und Gmünder (1984) zu religiösen Entwicklungsstufen, die sie aus der Lösung diverser Dilemmageschichten ableiten. Die Wissenschaftlichkeit dieser Modelle wird aber immer wieder infrage gestellt (Hemminger, 2003, S. 44). Was jedoch deutlich wird: Religion wird nicht mehr im Sinne Freuds verstanden, der schrieb, »Religion ist und bleibt das Erbe einer unbewältigten Kindheit – ein infantiler Zug« (zit. Nach Schweitzer, 2004, S. 61). Religion und damit auch religiöse Erziehung wird heutzutage auch seitens der Psychologie meist als Ressource gesehen.

Wird man nun aber religiös geboren oder religiös gemacht? Hier liefern diverse Sozialisationstheorien Antworten, die darauf verweisen, dass Religiosität erlernt/ansozialisiert/anerzogen wird. »Die meisten Menschen erwerben ihre religiöse Haltung, indem sie im Lauf ihrer Sozialisation in eine Gemeinschaft hineinwachsen« (Hemminger, 2003, S. 53).

Differenziert werden muss hierbei zwischen der primären Sozialisation in der Familie und der sekundären Sozialisation im gesellschaftlichen Umfeld. Primäre Sozialisation bezieht sich auf den Erwerb grundlegender Verhaltensstrukturen im Zusammenspiel mit den frühen Bezugspersonen des Kindes. Direkt haben diese primären Sozialisationsstrukturen nur wenig mit der späteren Religion des Menschen zu tun, indirekt jedoch wirken solche frühen Strukturen sehr stark. Die sekundäre Sozialisation bezeichnet die Anpassung an die sozialen Strukturen der Umwelt und Gesellschaft. Auch die sekundäre Sozialisation beginnt in der Ursprungsfamilie und setzt sich dann in Gleichaltrigengruppen, Schule, Beruf usw. fort. An der religiösen Sekundärsozialisation beteiligen sich kirchliche/staatliche Bildungseinrichtungen, religiöse Freizeitangebote, gezielte Lektüre bzw. Fortbildung, Medien usw. Untersuchungen der Sozialisationswirkungen dieser verschiedenen Einrichtungen und gesellschaftlichen Institutionen können helfen, deren Bedeutung bei der religiösen Entwicklung einzuschätzen. Wenn Jugendliche sich radikalisieren, dann geschieht dies meist im Zuge ihrer sekundären religiösen Sozialisation.

Schweitzer bemerkt: »Je verbundener sich die Eltern der Kirche fühlen, desto stärker ist auch die spätere Verbundenheit der Kinder« (2004, S. 181). Bei der primären religiösen Sozialisation werden Wertmuster, aber auch Glaubensüberzeugungen und religiöse Prinzipien an das Kind weitergegeben. Doch letztlich ist der Einfluss der familiären religiösen Sozialisation nur begrenzt. Was weiter deutlich wird: Je homogener das Umfeld in Bezug auf Glaubensfragen ist, desto eher bleiben Kinder und Jugendliche der elterlichen Religion treu. Nach Grom bleiben Kinder der religiösen Einstellung ihrer Eltern dann am ehesten treu, wenn Glaube und Religion bei den Eltern »hoch im Kurs« stünden. Entsprechend fällt auch der Umkehrschluss aus: Wenn Religion den Eltern wenig oder gar nichts bedeutet, steigt die Wahrscheinlichkeit, dass auch die Kinder sich von Religion abwenden (Grom, 2007). Eltern kommt also bei der religiösen Sozialisation eine wichtige Rolle zu, sie können ermöglichen oder verhindern. Nicht zu unterschätzen jedoch ist der Einfluss der sekundären religiösen Sozialisation durch Erzieher, Peers und Medien.

Eltern prägen die Weltanschauung ihrer Kinder, auch wenn sie nicht Teil einer Gruppe sind. Wann wird eine weltanschaulich geprägte Erziehung zur Chance, und wo verbirgt sich hier ein spezifisches Risikopotenzial? Bisher haben wir von vielen Beispielen gehört, in denen die weltanschauliche Erziehung zum Stolperstein wurde und der Entwicklung des Kindes nicht zuträglich war.

Eins vorweg: Negative und positive Auswirkungen religiöser Erziehung lassen sich nicht pauschalisieren. Deshalb sollten kritische Aspekte nicht verallgemeinert werden. Wir möchten dringend ermuntern, einen differenzierten Blick zu üben und gerade auch die Ressourcen im Blick zu behalten. Schweitzer versucht, die Notwendigkeit einer entwicklungsbezogenen religiösen Erziehung durch eine Zusammenfassung von Problemen einer entwicklungsstörenden und entwicklungsverfehlenden Erziehung aufzuzeige (Schweitzer, 2004, S. 252 ff.). Gerade dann, wenn Kinder eine Erziehung mit Strafe, Drohung und Überforderung erfahren, stört dies eine gesunde Entwicklung. Zudem ist auch zu berücksichtigen, dass Kinder je nach Alter eine andere religiöse Erziehung brauchen. Gerade für Jugendliche ist es wichtig, zunächst alle radikalen und provokativen Anfragen und Zweifel zuzulassen, ohne den Jugendlichen und dessen Glauben infrage zu stellen. Wenn Jugendliche aus Angst vor einem »Rausschmiss« innerhalb ihrer religiösen Bezugsgruppe keine Zweifel formulieren können, ist dies für die Entwicklung nicht unbedingt förderlich. Aber hier besteht nun auch die Krux geschlossener religiöser Gruppierungen, die eine gewisse Gleichschaltung einfordern und abweichende Meinungen als Gefährdung der gruppeninternen Stabilität sehen.

Klosinski (1996, S. 90) fasst treffend zusammen, wann religiöse Erziehung positiv verläuft: »Religiöse Erziehung wird dann zur Chance, wenn sie eine lebensbegleitende Identitätshilfe darstellt.«

Was allerdings an zahlreichen Fallbeispielen deutlich wird: Liegt eine entwicklungshemmende religiöse Erziehung vor, haben Eltern beispielsweise eine erzieherische Koalition mit dem Allmächtigen geschlossen und missbrauchen diesen als Erzieher, dann sind meistens auch weitere Fauxpas in der erzieherischen Haltung zu verzeichnen. In den Fallbeispielen zeigt sich: Viele Probleme wurzeln im Erziehungsstil der Eltern. Ist dieser repressiv und autoritär, ergeben sich entsprechende Auswirkungen, die auch allgemein in der Erziehungswissenschaft bekannt sind. Wir greifen hier nur zwei grundlegende Aspekte heraus: die Frage nach Gottesbildern und ihrer erzieherischen Wirkung und außerdem diskutieren wir, welche Auswirkungen eine religiös geprägte Moralerziehung haben kann.

Strafend, bedrohlich, verfolgend?
Die Problematik der Gottesbilder

Was wäre eine religiöse Erziehung ohne den Allmächtigen? Bei den meisten weltanschaulichen Konzepten gehören ein Gott oder mehrere Gottheiten oder zumindest höhere Wesen, transzendente Entitäten oder Ähnliches mit dazu. Was kann der Glaube an eine personale Gottesfigur bewirken? Im Lexikon für Theologie und Kirche (LThK, 1995, Bd. 3, Sp. 887) wird hierzu vermerkt: »Psychologisch gesehen sind Gottesbilder wirkmächtige Symbole, die sich im Zuge der frühkindlichen Subjekt-Objekt-Differenzierung bilden und von da an entwickeln. Dabei können die Symbole von Vater und Mutter das Gottessymbol vorstrukturieren. In einer positiven Konstellation können Gottesbilder Reifungsprozesse herausfordern und unterstützen. Wenn Kinder aber in einer neurotisierenden Umgebung aufwachsen, entstehen leicht eindimensionale und starre Gottesbilder, die Entwicklungen blockieren.«

Gottesbilder verändern sich, je nach kindlicher Entwicklungsstufe kann eher von einem intuitiven, gefühlsmäßigen und emotionalen Gottesbild oder einem kognitiven, sich im Gewissen manifestierenden Gottesbild ausgegangen werden. So lösen sich viele Heranwachsende von einem personalen Gottesbild (Sandt, 1996, S. 108). Gottesvorstellungen lassen einen klaren Bezug zum Verhältnis des Kindes zu den Eltern erkennen. Solange das Kind seinen Eltern unendliche Macht und Potenz zuschreibt, findet sich auch ein entsprechendes Gottesbild. Typisch für die Phase des magisch-mystischen Denkens ist entsprechend auch die Vorstellung, von einer allmächtigen Kraft getragen und geborgen zu sein (wenn die Dinge gut laufen). Hier spielt das Urvertrauen, das in der frühkindlichen Beziehung entwickelt werden sollte, eine wichtige Rolle. Nach Klosinski (1996, S. 89) liegt der Grundstein für eine positive Entwicklung zuallererst in einer positiven Eltern-Kind-Beziehung.

Was nun aber, wenn Kinder kein Urvertrauen entwickeln und die Eltern-Kind-Beziehung nicht idealtypisch verläuft? »Ist die Erziehung zu strafend, zu bedrohlich und verfolgend, wird das Kind sein Gottesbild später an diesem verinnerlichten Vater- oder Mutterbild ausrichten« (Klosinski, 1996, S. 89). Häufig entwickeln Kinder unter solchen Umständen eher ein negatives Gottesbild, das für Strafe, Vergeltung und Gericht steht.

Sehr vereinfacht würde sich aus dem bisher Gesagten ergeben, dass eine gesunde körperliche und psychosoziale Erziehung und Entwicklung die besten Voraussetzungen für die Entwicklung eines positiven Gottesbildes schaffen.

Weitere Momente für die Entwicklung eines positiven Gottesbildes liegen nach Klosinski in den Ablösungsphasen des Trotzalters und der Pubertät. Bleibt in dieser Zeit, in der z. B. Nähe und Distanz eingeübt werden, das Gottesbild ein übermächtiges Außenbild, kann sich die Gottesvorstellung verwandeln in die eines verfolgenden Gottes, der die Entwicklung des Individuums zu einem eigenverantwortlichen Menschen blockiert (Klosinski, 1996, S. 91). Gottessuche und Gottesbilder hängen in diesem Sinne auch immer mit der Suche nach dem eigenen Selbst zusammen.

Eine liebevolle, dialogische und sozialintegrative Erziehung ist also auch vor dem Hintergrund einer Gottesbeziehung bedeutsam. Die Studien von Schowalter und Murken (2003, S. 150) weisen darauf hin, dass gerade der Glaube an einen souveränen, allmächtigen Gott den Gläubigen Sicherheit und Geborgenheit vermittelt, was sich bei der Bewältigung von Krankheit oder anderen Problemen als hilfreich erweisen kann. Außerdem begünstigt das Gefühl von einem bedingungslos annehmenden Gott die Selbstachtung des Menschen.

Holm (1990, S. 140) prägt den Begriff von den »*Kindeskindern Gottes*«. Ein Kindeskind Gottes sei jemand, der in einem streng religiösen Milieu aufgewachsen ist und zu einer bestimmten Form von Religiosität mehr oder weniger gezwungen wurde. Ein Kindeskind Gottes findet keine Möglichkeit, sich von den Eltern freizumachen, bildet keine Identität aus und hat auch keine eigenen Antworten auf Fragen nach dem Sinn des Lebens. Kindeskinder Gottes wachsen meist mit Eltern auf, die rigoristische Vorstellungen vertreten, Gehorsam stark einfordern und Gott als Erzieher missbrauchen. Kinder haben dann nicht nur bei Abweichungen oder Eigenwilligkeiten ein schlechtes Gewissen den Eltern gegenüber, sondern wachsen in der Annahme auf, sich gleichzeitig auch gegen Gott zu versündigen und dessen Zorn auf sich zu ziehen.

Bisweilen wirken Familien, die intern einen rigoristischen Erziehungsstil praktizieren, nach außen sehr harmonisch, ebenso wirkt die Religiosität: Die Fassade wird gepflegt und gewahrt, selbst wenn intern oft massive Konflikte vorliegen. So wachsen Kinder wie selbstverständlich mit Szenarien beispielsweise vom Jüngsten Gericht auf. Eltern und Gott stehen auf der einen Seite und auf der anderen Seite steht das Kind mit seinen Wünschen und Bedürfnissen. Hark (1994, S. 151) kommt zu folgendem Ergebnis: »Wenn nun bereits Kinder durch überängstliche Eltern, gestörte Erzieher oder neurotische Geistliche fortwährend mit derartigen angstmachenden und verzerrten Gottesbildern beeinflusst werden, führt dies nach meinen Erfahrungen zu religiösen Neurosen.«

Negative Wirkung auf Moralvorstellungen und Selbstkontrolle

Gerade Menschen in geschlossenen religiösen Gruppen betreiben oft einen hohen persönlichen Aufwand für ihren Glauben, halten sich an eine Vielzahl von Regeln, beschränken sich selbst in ihrem Alltag, nehmen an diversen gesellschaftlichen Angeboten nicht teil und wirken bisweilen so, als würden sie sich selbst kasteien. Religiosität hat, auch wenn sie im positiven Sinne gelebt und praktiziert wird, meist einen Charakter der Pflicht und Gewissenhaftigkeit (Grom, 2007, S. 62).

Gewissenhaftigkeit ist in vielerlei Hinsicht eine nützliche Eigenschaft, kann jedoch auch pathologische Züge annehmen. Das hängt maßgeblich davon ab, wie innere und äußere Zwänge auf den Betreffenden wirken. Äußere Zwänge entstehen durch Erwartungsdruck, den eine Gesellschaft ausübt, innere Zwänge entspringen der moralischen Selbstkontrolle. Jedoch stehen beide in einer interaktiven Wechselbeziehung. Selbstverpflichtung, Gewissenhaftigkeit und Selbstkontrolle werden in der Regel von der Umgebung belohnt und damit verstärkt. Die Übergänge zur zwanghaften Neurose können jedoch fließend sein. Nach Grom (2007, S. 67) liegen dann neurotische Züge der Selbstkontrolle vor, wenn der eigene innere Zwang nicht mehr als Grundlage flexibler Selbstkontrolle und Festigkeit empfunden, sondern als einengend, unsinnig und angsterregend erlebt wird. Denkinhalte und Handlungsimpulse werden nur aus Angst befolgt, obwohl sie als absurd erkannt werden. Grom nennt als Symptome pathologischer Gewissenhaftigkeit Zwangsgedanken, Zwangsimpulse und Zwangshandlungen (S. 67).

Übertragen wir diese Überlegungen nun auf die Erziehung von Kindern. Besonders dann, wenn Eltern rigide normierend, bestrafend oder aber auch inkonsequent erziehen, entsteht eine starke Abhängigkeit zu den Eltern. Im Umkehrschluss bedeutet dies jedoch, dass mit einem partnerschaftlichen Erziehungsstil bereits eine gute Grundlage für eine positiv verlaufende moralisch-religiöse Erziehung des Kindes gegeben ist.

Am Beispiel der Sexualerziehung lässt sich gut veranschaulichen, welche fundamentalen Auswirkungen religiös geprägte Moralvorstellungen im Leben Heranwachsender haben können. Derzeit entwickelt sich vor allem In den USA wieder ein »Purity-Trend«, das heißt, junge Menschen entscheiden sich, jungfräulich in die Ehe zu gehen. Grundsätzlich kann dies jeder halten, wie er mag. Wenn allerdings solche Entscheidungen extrinsisch motiviert, also angstgesteuert sind, dann können sich dadurch schwerwiegende Folgeprobleme entwickeln. Noll (1989, S. 70–86) beschäftigt sich mit den Auswirkungen solch einer restriktiven Sexualität.

Auch am Beispiel von Jana lässt sich das verdeutlichen: »Ich hatte es meinen Eltern versprochen und später auch Gott. Dass ich keinen Sex haben würde, bis ich heirate. Aber dann habe ich mich verliebt. Und es war schrecklich. Ich kämpfte gegen mein Verlangen an. Irgendwann habe ich mit diesem Jungen geschlafen. Irgendwann ließ die Liebe zu ihm nach, doch ich glaubte, ihn ehelichen zu müssen, eben weil ich ja schon mit ihm geschlafen hatte. Wir verlobten uns, doch zum Glück lösten wir die Sache wieder auf. Danach dachte ich, dass jetzt ja eh alles egal ist und ich in der Hölle landen würde, weil ich ja noch nicht mal den Mann geheiratet hatte. Deswegen schlief ich wahllos mit vielen Männern. Es dauerte viele Jahre, bis ich einen gesunden Umgang mit meiner Sexualität entwickelte.« Jana entwickelte also Gewissensängste, was sehr typisch ist bei einer solchen Erziehung.

Jugendliche Gewissensängste können die Selbstbefriedigung und den Übergang zur Partnersexualität erheblich belasten. Manche Menschen können infolgedessen auch Beziehungsängste entwickeln.

Rechtliche Rahmenbedingungen

Religionsmündigkeit vs. Erziehungsverantwortung

»Solange du die Beine unter meinen Tisch stellst, gehst du mit in die Kirche!« ist ein Satz, der in der ein oder anderen Variation noch heute die Haltung mancher Eltern widerspiegelt. Übrigens hören wir dieses Statement gelegentlich auch in umgekehrter Form: Eltern versuchen, ihre Kinder daran zu hindern, sich in einer Kirche zu engagieren.

Ab wann dürfen Kinder in Deutschland selbst entscheiden, welcher Kirche oder Religion sie angehören wollen oder eben auch nicht? Der Gesetzgeber regelt dies im Gesetz über religiöse Kindererziehung (RKEG), das Teil des Bürgerlichen Gesetzbuches (BGB) ist: Jugendliche sind mit Vollendung des 14. Lebensjahres religionsmündig. Ab dann haben sie das Recht auf eine eigene, von den für die Personensorge zuständigen Personen unabhängige Entscheidung in allen Angelegenheiten, die ihre religiöse Orientierung und religiöse Erziehung betreffen (Könemann, 2020). Was bedeutet es konkret, wenn Kinder und Jugendliche religionsmündig sind? Beispielsweise dürfen Kinder dann entscheiden, ob sie weiter am Religionsunterricht teilnehmen möchten oder nicht. Sie dürfen aber auch entscheiden, ob sie weiter in die Kirche gehen wollen oder ob sie an anderen religiösen Praktiken teilnehmen möchten.

Der Weg zur Religionsmündigkeit wird in gestufter Form angebahnt. Wenn das Kind das zehnte Lebensjahr vollendet hat, ist es in religiösen Belangen anzuhören. Weiter heißt es in § 5 RKEG: »Nach der Vollendung des vierzehnten Lebensjahrs steht dem Kinde die Entscheidung darüber zu, zu welchem religiösen Bekenntnis es sich halten will. Hat das Kind das zwölfte Lebensjahr vollendet, so kann es nicht gegen seinen Willen in einem anderen Bekenntnis als bisher erzogen werden.«

Entscheidet sich ein Kind mit 15 Jahren also dafür, einer anderen Religion angehören zu wollen, so ist dies zunächst zu respektieren. Und dennoch bedeutet dies nicht, dass man tatenlos zusehen muss, wenn Kinder und Jugendliche sich fragwürdigen Angeboten zuwenden oder auf spirituelle Abwege geraten. Eltern und Pädagoginnen können hier auf unterschiedlichen Ebenen ansetzen (Reinders, 2014).

!
UMGANG MIT DEN WELTANSCHAULICHEN ENTSCHEIDUNGEN DES KINDES/JUGENDLICHEN

- *Akzeptanz:* Ganz gleich, welche sexuelle, religiöse oder politische Orientierung ihr Kind wählt, vermitteln Sie ihm, dass es angenommen und akzeptiert wird, so wie es ist.
- *Vorleben:* Leben Sie dem Kind vor, wie Toleranz funktioniert.
- *Perspektiven weiten:* Vermitteln Sie dem Kind früh, dass es unterschiedliche Haltungen und Meinungen zu Dingen gibt und es eben nicht die eine, absolute Wahrheit gibt.
- *Verstehen:* Versuchen Sie zu verstehen, was das Kind an seiner Gruppe fasziniert. Ist es auf der Suche nach Orientierung? Sind es soziale Kontakte? Faszinieren die Inhalte? Gehen Sie dazu miteinander ins Gespräch, stellen Sie Fragen und nehmen Sie sich Zeit, zuzuhören.
- *Werteerziehung:* Erziehen Sie das Kind bewusst und nehmen sich Zeit, selbst zu reflektieren, welche Werte Ihnen wichtig sind und wie Sie diese dem Kind transportieren wollen.

- *Loslassen:* So schmerzhaft es sein kann, wenn Kinder sich von uns entfernen, so kann es auch wichtig sein, loszulassen und ihnen zuzutrauen, dass sie aus ihren eigenen Erfahrungen, und das heißt auch Fehler machen, lernen werden.
- *Kontakt halten:* Wenn es irgendwie möglich ist, bleiben Sie miteinander in Kontakt.

Vorsicht Kindeswohlgefährdung!

Zwei Beispiele:
- Eine Erzieherin erfährt, dass die Kinder Lars und Tom regelmäßig Chlordioxid zu trinken bekommen. Die Eltern sind überzeugt, dies schütze die Kinder vor einer Vielzahl von Erkrankungen, und beziehen sich dabei auf Donald Trump. Die Erzieherin ist besorgt. Handelt es sich bereits um Kindeswohlgefährdung?
- In einem anderen Fall berichtet eine junge Lehrerin von einem Kind, das »in irgendeiner fundamentalen Glaubensgruppe« aufwachse. Im Turnunterricht habe sie bei dem Kind Striemen am Rücken bemerkt. In einem Gespräch mit ihm kommen die Züchtigungsmethoden der Eltern zur Sprache.

Das Kindeswohl und noch viel mehr die Gefährdung des Wohlergehens des Kindes sind heiß diskutierte Themen. Immer wieder machen Fälle von Kindeswohlgefährdung Schlagzeilen, selbstverständlich nicht nur im Zusammenhang mit Glaubensgemeinschaften, sondern auch in anderen Kontexten. 2013 beispielsweise sorgte die Gruppierung der »Zwölf Stämme« mit ihren Erziehungsmethoden (Züchtigung von Kindern) nicht nur für Schlagzeilen, sondern es wurden vierzig Kinder in Obhut genommen (Mayr, 2014).

Aber klären wir hier zunächst einmal die elterlichen Rechte und Pflichten: Eltern dürfen ihr Kind frei von staatlichen Eingriffen nach ihren Vorstellungen erziehen. Dies sichert Artikel 6 des Grundgesetzes (GG). Grundsätzlich also bedeutet dies, dass Eltern darüber entscheiden dürfen, wie sie die Pflege und Erziehung ihres Kindes gestalten (Fritsche u. Puneßen, 2017). Dieses Recht basiert auf der Annahme, dass Eltern das Wohl des Kindes mehr am Herzen liegt als irgendeiner anderen Person oder Institution (BverfGE 59, 360).

Diese Rechte erstrecken sich auch auf die religiöse Erziehung, dies wird in Art. 4 des GG deutlich. Bedeutet dies nun, dass Eltern tun und lassen dürfen, was ihnen gefällt, oder gibt es Grenzen? Gollan (2019) schreibt dazu im Abschnitt »Verfassungsrechtlicher Hintergrund«: »Die Freiheit der religiösen Kindererziehung ist nicht unbegrenzt und erfährt dadurch Einschränkungen, dass das Kind selbst Grundrechtsträger ist.« Das bedeutet, Eltern dürfen nicht beliebig mit ihrem Kind verfahren. Sie müssen sich an gesetzliche Vorgaben halten. Kinder haben das Recht auf Erziehung und Entwicklung zu einer eigenverantwortlichen und gemeinschaftsfähigen Persönlichkeit (§ 1 SGB VIII). Die Auswahl der Erziehungsmethoden muss also die Persönlichkeitsrechte des Kindes berücksichtigen. Der Wille des Kindes ist im Sinne eines partnerschaftlichen Erziehungsmodells zu beachten (§ 1626 BGB). Diesem Leitbild folgend, sollen Eltern unter Beachtung des Entwicklungsstandes des Kindes Einvernehmen anstreben und Fragen der elterlichen Sorge mit dem Kind thematisieren. Eine Erziehung, die rein auf Gehorsam und Unterwerfung abzielt, ist diesem Leitbild folgend also unzulässig. § 1631 Absatz 2 BGB regelt zudem die Wahl der zulässigen Erziehungsmittel und untersagt körperliche Bestrafung, seelische Verletzungen und andere entwürdigende Erziehungsmethoden. Dabei spielt es keine Rolle, aus welcher Motivation Eltern solche Erziehungspraktiken anwenden.

Wo es Rechte gibt, gibt es meist auch Pflichten. Der Staat wacht darüber, ob Eltern ihrer Elternverantwortung auch adäquat nachkommen. Dies bedeutet: Eltern tragen Verantwortung für die Förderung, Versorgung und den Schutz ihrer Kinder. Wenn sie nicht in der Lage sind, dieser Verantwortung nachzukommen, wird ihr Elternrecht begrenzt. Bisweilen kommt es also zu Fällen, in welchen Eltern ihre Sorgepflicht vernachlässigen oder gar missbrauchen. Der Staat darf also erst in das Elternrecht eingreifen, wenn es um Kindeswohlgefährdung geht. Was bedeutet das konkret? Gollan (2019) schreibt im Abschnitt »Was ist eine Kindeswohlgefährdung?«: »Erforderlich ist eine gegenwärtige Gefahr, die bei weiterer Entwicklung eine erhebliche Schädigung mit ziemlicher Sicherheit voraussehen lässt.« Schaden kann ein Kind auf unterschiedlichen Ebenen nehmen, so werden bei der Abklärung von Kindeswohlgefährdung neben der körperlichen Ebene auch dessen seelische Gesundheit oder seine geistige Entwicklung berücksichtigt. Eine Beurteilung ist da nicht immer einfach – in den meisten Fällen wird sehr genau hingesehen und es sind schwierige Einzelfallentscheidungen zu treffen.

Eine wie auch immer geartete weltanschauliche Erziehung rechtfertigt grundsätzlich noch kein Eingriff in das Elternrecht. Entscheidend ist die Frage, ob Eltern mit ihren religiösen Praktiken oder Überzeugungen das Wohl des Kindes gefährden. Gericke (1998) nennt hier folgendes Beispiel: »Wenn die Eltern eine lebensnotwendige Bluttransfusion für ihre Kinder aus Glaubensgründen ablehnen, ist dem Recht des Kindes auf Leben (Art. 2 II GG) mehr Gewicht beizumessen als dem Erziehungsrecht der Eltern (Art. 6 I GG), auch im religiösen Bereich, welches zusätzlich noch unter dem Schutz des Art. 4 I GG steht.«

Nun propagieren einige weltanschauliche Gruppierungen definitiv fragwürdige Erziehungspraktiken. Dennoch reicht die Zugehörigkeit zu einer solchen Gruppierung nicht aus, um den Eltern ein schädigendes Verhalten vorzuwerfen. Denn längst nicht jeder setzt solche fragwürdigen Vorgaben auch in die Tat um, dies ist stets im Einzelfall zu prüfen.

Bedeutet dies nun, dass Sie mit Eltern erst dann ins Gespräch kommen dürfen, wenn das Kind sprichwörtlich in den Brunnen gefallen ist? Nein! Fachkräfte dürfen und sollen mit Eltern ins Gespräch kommen zu Toleranz, Freiheitsrechten, Prinzipien der an der Verfassung orientierten Erziehungsvorstellungen usw. (Meysen, Baer, Meilicke, Becker u. Brandt, 2021, S. 34).

Wenn es um Kindeswohlabklärung und Einschätzung einer Gefährdung von Kindern bzw. Jugendlichen aus weltanschaulichen Gruppierungen geht, dann ist ein differenzierter Blick wichtig. Generalisierte Annahmen im Sinne von »Alle Eltern, die ihr Kind im Glauben der Gruppierung XY erziehen, praktizieren Kindeswohl gefährdendes Verhalten« sind schlichtweg falsch. Selbst Kinder, die in rigoristischen oder fundamentalistischen Milieus aufwachsen, müssen nicht per se gefährdet sein. Eigene Vorurteile müssen hier vor allem seitens der Fachkräfte immer wieder auf den Prüfstand gestellt werden. Denn letztlich ist jeder Fall von Kindeswohlgefährdung ein Einzelfall und sollte auch mit der entsprechenden Differenziertheit und Genauigkeit betrachtet werden. »Radikale religiöse Überzeugungen oder sogar die Zugehörigkeit der Eltern zu extremistischen Strömungen sind keine ausreichenden Merkmale einer Kindeswohlgefährdung. Erziehungsleitbilder sind den Eltern überlassen« (Fritsche u. Puneßen, 2017, im Fazit).

Immer wieder kann es zur Frustration führen, wenn Pädagoginnen und Pädagogen feststellen, dass manches an Erziehungsverhalten nicht durch staatliches Eingreifen verhindert werden kann. Im Grunde ist die Schwelle für ein staatliches Eingreifen so hoch angelegt, dass durch solche Interventionen zwar das Schlimmste verhindert werden kann und soll, allerdings manch eine problematische Entwicklung nicht problematisch genug ist, als dass ein Eingreifen zu rechtfertigen wäre.

An dieser Stelle kommt der Bedeutung der Schulpflicht eine besondere Rolle zu. Denn in solchen Fällen ist oft die Schule ein Regulativ, dort erfahren Kinder andere Werte und Ideen, können ein anderes Verhalten lernen und begegnen Menschen mit anderen Überzeugungen und Meinungen als denen, die sie in den häuslichen Filterblasen immer wieder zu hören bekommen.

Grundsätzlich kann es hilfreich sein, an bestimmten Stellen etwas genauer hinzusehen, denn manchmal ergeben sich gerade in geschlossenen oder autoritär geprägten Gruppierungen bestimmte Musterübereinstimmungen:

Häufig geben geschlossene religiöse Gruppierungen klare Erziehungsvorgaben. Solche theoretischen Vorgaben der jeweiligen Gruppen zu kennen, hilft, an den richtigen Stellen genauer hinzusehen. Es ist, wie gesagt, eine völlig andere Frage, ob Eltern sich auch an die Vorschriften ihrer jeweiligen Gruppierung halten – nur aufgrund theoretischer Vorgaben lässt sich noch keine Kindeswohlgefährdung ableiten. Aber es wird deutlich, dass beispielsweise beim Thema »Züchtigung« und Erziehungsmethoden genauer hingesehen werden muss, wenn eine Gruppierung entsprechende Methoden anrät. Selbst in geschlossenen religiösen Gruppierungen ist die Bandbreite des elterlichen Verhaltens sehr weit gefächert. Sicherlich beeinflussen weltanschauliche Konzepte das Erziehungsverhalten, aber in welchem Maße dies geschieht, ist stets individuell zu betrachten, stark kontextabhängig und selbstverständlich auch in Abhängigkeit zur entsprechenden Weltanschauung zu sehen.

Immer wieder kommt in Sorgerechtsstreitigkeiten die vermeintliche »Sektenzugehörigkeit« eines Elternteils aufs Tapet. »Aber allein die ›Sektenzugehörigkeit‹ eines Elternteils schließt nach gefestigter Rechtsprechung nicht schon generell dessen Erziehungseignung aus« (Spürk, 2006, S. 150).

Die folgende Liste (nach Spürk, 2006, S. 150 f.) soll verdeutlichen, wo im Kontext mit weltanschaulichen Gruppierungen ein gewisses Risikopotenzial schlummern könnte. Diese Aspekte zu kennen, hilft, ggf. gezielter nachzufragen.

> **KINDESWOHLGEFÄHRDUNG: SCHAUEN SIE HIN BEI DIESEM ELTERNVERHALTEN!**
> - körperliche Bestrafungen, seelische Verletzungen und andere entwürdigende Maßnahmen (ausdrücklich unzulässig gemäß §1631 Abs. 2 Satz 2 BGB);
> - gesundheitsgefährliche Ernährungsvorschriften und Verweigerung jeglicher medizinischer Behandlung (Operationen, Bluttransfusionen usw.) auch in lebensbedrohlichen Notfällen;
> - Behinderung der körperlichen oder psychischen Entwicklung;
> - Einschränkung der Autonomie des Kindes;
> - Hervorrufen extremer Ängste durch dämonische Bilder und überzogene Verhaltensregeln;
> - Unterdrückung persönlicher Bindungen des Kindes (z. B. zu »Ungläubigen«);
> - Vernachlässigung (z. B. durch extensive zeitliche Beanspruchung der Eltern für religiös-weltanschaulich motivierte Handlungen);
> - Hervorrufen überfordernder Loyalitätskonflikte des Kindes, wenn ein Elternteil sich einem anderen Glauben zuwendet und diesen massiv in die Familie bzw. in die Erziehung hineinträgt (hier gelten im Übrigen besondere Regeln nach dem Gesetz über die religiöse Kindererziehung);
> - Missbrauch unter Verwendung (meist vorgeschobener) okkult-satanistischer Rituale und Drohungen;
> - Hineindrängen in eine Außenseiterrolle (z. B. im Verhältnis zu Gleichaltrigen in Freizeit, Schule und Ausbildung, wenn

etwa bei christlichen/traditionellen/charismatischen/fundamentalistischen Gruppen Jugendkultur als »Einfallspforte des Bösen und Dämonischen« dargestellt wird bzw. wenn die Gruppe ein abgeschlossenes sozialisatorisches Sondermilieu aufbaut).

Die Geborgenheit der Filterblase

Wenn Gruppierungen gesamtgesellschaftlich betrachtet eine Minderheitenmeinung vertreten, besteht gleichzeitig meist eine Tendenz zur Abschottung. Nur so kann die Plausibilität der eigenen Wirklichkeitsdefinitionen aufrechterhalten werden. Es wurde in den vorherigen Abschnitten bereits deutlich: Innerhalb von geschlossenen Systemen können sich die Mitglieder rückversichern und gegenseitig stabilisieren in ihrer Weltanschauung. Zwar begünstigen geschlossene Systeme Dogmatismus, Fundamentalismus, Schwarz-Weiß-Denken und eine Abkehr von der Außenwelt. Gleichzeitig jedoch erleben Mitglieder solcher Systeme einige positiven Effekte, wie ein starkes Zusammengehörigkeitsgefühl, eine familiäre Atmosphäre und enge emotionale Bindungen. Zur Abgrenzung nach außen wird auf unterschiedlichen Ebenen Distanzierung vorgenommen: neben einer sozialen Distanzierung eine ideologische Distanzierung gegenüber Andersdenkenden sowie eine sittlich-moralische Distanzierung. Was bedeutet das konkret? Man betont nicht die Gemeinsamkeiten, sondern kehrt gezielt Unterschiede hervor. »Wir sind besser als die Welt« ist ein häufiger Glaubenssatz und gleichzeitig auch ein Motivator für Mitglieder. Es in moralisch-sittlicher Hinsicht besser zu machen als der Rest, kann zu einem Überlegenheitsgefühl führen – und betont gleichzeitig die Exklusivität der Filterblase. Solche Exklusivitätsansprüche können die soziale Fixierung auf die Gruppierung erhöhen.

Im Übrigen erhöht auch Anfeindung von außen den inneren Zusammenhalt und gleichzeitig wird dadurch auch die Sicht, dass die Außenwelt feindlich sei, bestätigt. Deshalb betreiben viele geschlossenen Gruppierungen eine gezielte Feindbildpflege.

Oft verfügen solche Zirkel über diverse Kontrollmechanismen und Systeme aus Belohnung und Bestrafung. Dies dient teils auch dazu, Normabweichler frühzeitig zu erkennen und die Gruppenstabilität nicht zu gefährden.

Maja (17 Jahre) sagt: »Ich weiß nicht, wem ich mich anvertrauen kann, wer wirklich ehrlich ist. Ein Mädchen aus unserer Glaubensgruppe hat ihrer Freundin (sie ist auch in der Gruppe) erzählt, dass sie ein Date mit einem Nicht-Gläubigen hat. Die hat das dann sofort weitererzählt und es gab Riesenärger.«

Indem solche Mitglieder, die in ihrem Denken und Verhalten von der Gruppennorm abweichen, ausgeschlossen werden, entsteht unter den Verbleibenden mehr Konformität.

Jedoch können auch neue Mitglieder Glaubensprinzipien und moralische Maximen infrage stellen. Deswegen wählen viele geschlossenen Gruppierungen sehr gezielt aus, wem sie einen Platz in der Geborgenheit der Filterblase gewähren. Teils existieren Aufnahmeverfahren, teils werden abweichende Meinungen sofort niedergemacht. Wir haben ja in den vorhergehenden Abschnitten schon gezeigt, wie ambivalent sich die Merkmale geschlossener weltanschaulicher Gruppierungen auswirken können.

Was bedeutet es, in eine geschlossene religiöse Gruppierung hineingeboren zu werden? Die Auswirkungen bewegen sich in einem immens weiten Spektrum und lassen sich keinesfalls generalisieren. Zu unterschiedlich sind Gruppierungen hinsichtlich ihrer Ideologie, ihrer Werte und Normen, ihrer Auswirkungen auf das Erziehungsverhalten. Weiter spielen auch innerfamiliäre Dynamiken eine immense Rolle und nicht zuletzt auch die charakterliche Disposition des Kindes. Gruppenzugehörigkeit ist, wie gezeigt wurde, ein zutiefst menschliches Bedürfnis und dieses ist keinesfalls zu pathologisieren. Gruppen können einige Parameter im Leben von Kindern und Jugendlichen mitbestimmen. Einfluss haben manche Gruppen etwa auf die Qualität der Außenbeziehungen. Ist eine Gruppierung sehr exklusivistisch unterwegs, dann besteht oft die Tendenz zu einer deutlichen Abgrenzung von der Gesellschaft. Gleichzeitig kann solch ein enger Bezugsrahmen auch Stabilität, Orientierung und Sicherheit bieten. Persönliche Entscheidungen können von Gruppennormen beeinflusst werden, so können Kinder, die in solchen Gruppierungen groß werden, Schwierigkeiten haben, eigene Überzeugungen zu vertreten, weil sie es gewohnt sind, dass andere Autoritäten Vorgaben machen (Hemminger, 2003, S. 186). In der Psychologie spricht man hier von Konformitätsdruck. Je geschlossener eine Gruppe ist, desto höher ist meist auch der Konformitätsdruck innerhalb der Gruppierung. Grundsätzlich besteht bei Gruppen die Tendenz, innere Konflikte zur Erhaltung eines Wirgefühls zu dämpfen. Der Konformitätsdruck hat nicht nur negative Seiten, sondern ermöglicht das gemeinsame, zielgerichtete Handeln und damit letztlich die Effizienz der Gruppe.

Meist herrscht in solchen Gruppen auf den ersten Blick eine herzliche und familiäre Atmosphäre, man kennt sich gegenseitig, sorgt sich umeinander und trifft sich auch privat. Rangdynamiken entstehen aber auch in Filterblasen, allerdings entscheiden über den Rang in der Gruppe oft andere Kriterien als allgemein in der Gesellschaft üblich. Statussymbole, Besitz, Job und Akademisierung spielen eine untergeordnete Rolle, wichtiger ist, wie viel Engagement und Zeit für die Gruppe investiert wird, wie konform sich Menschen verhalten usw.

Je stärker die inneren Wirklichkeitsbeschreibungen von der Außenwelt abweichen, desto eher tendieren Menschen dazu, die Außenwelt als eine potenzielle Gefahrenquelle wahrzunehmen, Misstrauen zu entwickeln und sich abzuschotten.

Doch es gibt noch weitere Mechanismen in Gruppen, die dazu beitragen, die innere Stabilität aufrechtzuerhalten. Meist besteht eine sehr enge Bindung an die Gruppe, manche Gruppen wenden gezielte Riten an, um diese Bindung sichtbar zu machen oder zu intensivieren, andere grenzen sich ab durch bestimmte Kleidungsvorschriften usw.

Man weiß aus der Psychologie auch, dass sich die Attraktivität einer Handlung mit der dafür aufgebrachten Zeit steigert (Festinger, Irle u. Möntmann, 1978). Deshalb vereinnahmen geschlossene Gruppierungen ihre Mitglieder auch in einem hohen zeitlichen Ausmaß. Kinder und Jugendliche finden dann meist neben der Beschäftigung mit gruppeninternen Veranstaltungen kaum noch Zeit, anderen Dingen nachzugehen.

Die Feindbildpflege spielt in manchen Gruppierungen ebenfalls eine wichtige Rolle, um »Ingroup« und »Outgroup« zu definieren.

Olaf erzählt: »Die Welt draußen war verdorben. Andere Kinder waren die Töchter und Söhne Satans. Bücher zu lesen, war schlecht. Ich lebte in einer dauernden Angst vor der bösen Welt und vor dem letzten Gericht.«

Dieser Spannungszustand wird teils von Gruppen aktiv hergestellt und gefördert. Oft ist die Begegnung mit der Außenwelt negativ geprägt und Mitglieder aus geschlossenen Gruppierungen erfahren Ablehnung. Dies wiederum festigt entsprechende Weltbilder. Verbundenheit hingegen entsteht intern, wenn es diesen gemeinsamen Feind gibt; auch das Gefühl, sich im Besitz einer unumstößlichen Wahrheit zu wähnen, kann neben Überlegenheitsgefühlen den inneren Zusammenhalt fördern. Meist identifizieren sich die Mitglieder einer geschlossenen Gruppierung mit einem gemeinsamen Ziel, z. B. dem Erreichen des Himmelsreiches. Solch ein gemeinsames Ziel fördert ebenfalls den inneren Zusammenhalt.

Gruppen grenzen sich nicht selten auch gezielt über differierende ethische Standpunkte von der Welt ab. Sie vertreten eigene ethische Maximen, sei es etwa in Bezug auf Sexualität, Moralvorstellungen usw. Auch an bestimmten Festivitäten nehmen manche Gruppen nicht teil, lehnen etwa Weihnachten als heidnisches Fest ab und zelebrieren eigene Feiertage. Dadurch kann das Ingroup-Gefühl gestärkt werden und gleichzeitig wächst die gesellschaftlich isolierte Stellung.

Werfen wir nun im folgenden Teil einen Blick auf individuelle Lebensgeschichten.

Zweiter Teil: Lebensgeschichten

>»Soldaten und Kinder tun, was man ihnen sagt.
> Kinder wachsen irgendwann darüber hinaus, aber
> Soldaten sterben einfach nur.«
> (Laini Taylor[3])

Vorbemerkungen

Wir alle bewegen uns in verschiedenen lebensweltlichen Systemen, wie etwa unserem Arbeitskontext, Familiensystem, Freundeskreis, Vereinen usw. Nicht immer stimmen die Wertvorstellungen in diesen unterschiedlichen Bereichen überein, sondern wir sind mit konträren Meinungen, anderen Glaubensüberzeugungen und verschiedenen Weltsichten konfrontiert. Kinder kommen spätestens über Kindergarten, Schule, Freizeitangebote oder Freunde in Kontakt mit anderen Lebenswelten und treten damit aus der Geschlossenheit des familiären Systems in Verbindung mit anderen Systemen.

Was geschieht nun aber, wenn Menschen abtauchen in die Filterblase ihrer Glaubensüberzeugung und der Kontakt mit anderen Lebens- und Weltanschauungssystemen gezielt minimiert wird? Gewissermaßen leben wir alle mehr oder weniger in analogen und digitalen Filterblasen, diese sind jedoch meistens im Spektrum eines gewissen gesellschaftlichen Konsenses angesiedelt. »Verfallen wir nicht in den Fehler, bei jedem Andersmeinenden entweder an seinem Verstand oder an seinem guten Willen zu zweifeln«, soll Otto von Bismarck einmal gesagt haben – und selbst wenn es seinerzeit noch keine digitalen Filterblasen gab, so zeigt sich in dem Zitat die Problematik, die auch heute noch im Umgang mit Andersdenkenden existiert: Wir alle neigen dazu, Menschen, die nicht unserer Meinung sind, abzuwerten.

---

3 www.myzitate.de/zwischen-den-welten-daughter-of-smoke-and-bone.

Nun gibt es jedoch auch Menschen, die in einer stark von gesellschaftlichen Werten und Normen abweichenden Parallelkultur leben und aufwachsen. Manche entscheiden sich bewusst dafür, der Gesellschaft den Rücken zu kehren, und finden ihr Lebensglück in alternativen Gruppierungen oder weltanschaulichen Gemeinschaften. Doch nicht immer ist dies eine bewusste Entscheidung. Manchmal radikalisieren sich Menschen schleichend. Auch gruppendynamische Aspekte spielen hierbei eine fundamentale Rolle. So kann eine Anpassung an eine Gruppierung Filterblaseneffekte und Radikalisierungsprozesse bewirken.

In diesem Kapitel interessieren uns vor allem Kinder und Jugendliche, die in geschlossene weltanschauliche Gruppierungen hineingeboren wurden. Welche Besonderheiten ergeben sich hier in der Sozialisation des Kindes, welche Fallstricke, aber auch Chancen bietet solch eine spezielle Sozialisation? Es ist hilfreich, die innere Logik geschlossener Systeme besser zu verstehen. Zumindest Ausschnitte aus dem Lebensalltag dieser Kinder zu kennen, hilft, Gräben, die durch solche Unterschiedlichkeiten entstehen, zu überwinden, Brücken zu bauen und Kindern so Teilhabe zu ermöglichen. Gerade wenn Sie diesen Kindern und Jugendlichen in pädagogischen Kontexten begegnen, kann ein Blick auf die Innenperspektive dazu beitragen, adäquater auf diese Kinder zuzugehen.

Dazu gehört jedoch auch eine Reflexion der eigenen Vorurteile und Haltungen, die jeder von uns in der Begegnung mit unbekannten Lebenswelten und Glaubenssystemen hat. Nicht selten wird die Haltung gegenüber Menschen aus fremden Glaubens- und Lebenswelten durch eigene Vorerfahrungen mit Glauben und Religion geprägt.

> **STELLEN SIE SICH SELBST EINMAL DIE BERÜCHTIGTEN GRETCHENFRAGEN!**
> - Welche Erfahrungen habe ich selbst mit Religion und Glauben gemacht?
> - Welche Rolle spielte Religion/Gott in meiner Erziehung?
> - Ist mir mein Glaube eine Stütze?
> - Was löst der Glaube anderer Menschen in mir aus?
> - Wo stehe ich heute in meiner religiösen Entwicklung?

Der Sohn des Gurus

Jonathan (37 Jahre): »Mein Vater war Gott. Zumindest glaubte er das selbst und die Leute, die er um sich herum geschart hatte. Wir lebten abgeschieden auf einem Bauernhof, mit wenig Kontakt zur Welt nach draußen. Erst als ich zur Schule kam, lernte ich, dass es auch Kinder gab, die anders waren, Kinder die mich als anders wahrnahmen. Ich wusste nicht: Bin ich falsch oder sind die falsch? Meine Eltern hatten mir eingetrichtert, dass es die anderen seien, die falsch und schlecht sind. Ich sollte mich fernhalten.

Mein Vater dominierte alles. Früher stellte ich das nicht infrage. Was er sagte, war Gesetz. So war es in unserer Familie, alle hörten auf ihn, alle ordneten sich ihm unter und auch die anderen, die er um sich geschart hatte, taten dies. Er hatte eine sehr bestimmende Art, aber eben auch wahnhafte Züge. Heute weiß ich, dass er eine Persönlichkeitsstörung und weitere psychische Probleme hat, aber meine Mutter und die anderen wollen das nicht wahrhaben. Für die ist er eben immer noch ein Gott.

Mit 15 verliebte ich mich zum ersten Mal. Ich begann, immer mehr an meinen Vater zu zweifeln, ich bekam mit, wie er andere aus der Gruppe schikanierte, ich sah, wie es um die Ehe meiner Eltern bestellt war. Ich sah, wie abhängig meine Mutter war. Mein Vater versuchte, mir diese Beziehung zu verbieten. Ich lief damals weg. Das Jugendamt wurde involviert. Es folgte eine sehr schwierige Phase, ich fiel immer wieder in tiefe Löcher, wurde letztendlich als Abtrünniger verstoßen und litt unter der Einsamkeit. Manchmal wäre ich am liebsten zurückgekehrt. Und ein Teil in mir stellt sich die Frage: Was, wenn mein Vater recht hat in allem? Vielleicht hätte ich mich einfach anpassen sollen, dann wäre ich jetzt nicht so verloren. Er hat mir genau das immer prophezeit, dass ich ohne ihn mein Leben nicht auf die Reihe bekommen werde, dass ich ihn brauchen werde, dass ich mich nicht entfernen dürfe. Denn er habe als Einziger einen direkten Zugang zu Gott.«

Die Ambivalenz und Zerrissenheit, die Jonathan noch heute begleiten, kennen viele Menschen, die ein geschlossenes Subsystem verlassen haben. Manche berichten, dass sie nie wieder dieses starke Verbundenheits- und Zugehörigkeitsgefühl erlebt hätten, und leiden sehr unter der Einsamkeit. Manche finden Halt in neuen Beziehungen, doch bei vielen bleibt eine Trauer über den Verlust, eine Unsicherheit, ob der Austritt wirklich richtig war. Phasenweise werden all die negativen Aspekte vergessen und der innere Wunsch nach Orientierung und die Sehnsucht, Teil einer Gruppe sein zu wollen, dominieren die Wahrnehmung. Auch die Frage, was »Wahrheit« ist, beschäftigt junge Aussteiger – denn sie erleben ja, dass die Prophezeiungen, es werde ihnen schlecht gehen ohne die Gruppe, sich erfüllen. Manchmal besteht auch die Tendenz, die Gruppe im Nachhinein zu idealisieren, nur noch die positiven Aspekte werden gesehen und eine starke Sehnsucht nach der Geborgenheit der Gruppe dominiert das Erleben.

Für Jonathan war es wichtig, zu erfahren, dass auch Aussteiger aus anderen Gruppen diese Zerrissenheit kennen und unter ähnlichen Befürchtungen leiden. Zudem lernte er, Einsamkeit nicht nur auszuhalten, sondern konnte nach einigen Jahren dem Alleinsein auch Positives abgewinnen. Jonathan gründete sehr früh eine eigene Familie. Er beschreibt dies als heilsame Erfahrung, ist jedoch derzeit in einer Paartherapie, da bei ihm ein Hang zu dependenten Beziehungsmustern besteht: Gruppenerfahrungen und die Sozialisation in einer Gruppe können unsere Beziehungsmuster nachhaltig prägen und beeinflussen – nicht immer ist vorhersehbar, in welche Richtung dies geschieht.

God is watching you

Alina (21 Jahre): »Ich bin vor einigen Monaten gegangen. Meine Kindheit war die Hölle, ich wuchs in einer streng christlichen Gruppe auf, ich erinnere mich eigentlich kaum an gute Momente. Alles, was Spaß macht, war verboten. Wir mussten gehorchen. Es gab keine Wahl, wer nicht gehorchte, wurde gebrochen. Stillsitzen, helfen, beten und immer wieder Angst, dass es nicht genüge. Ich lernte früh eine immense Selbstkontrolle. Meine ältere Schwester rebellierte, sie bekam viele Schläge und lief irgendwann weg. Ich passte mich an, ich gehorchte, ich tat alles, was von mir erwartet wurde. Und immer wieder bekam ich zu hören, dass Gott alles sehe und dass ich selbstsüchtig sei. Ich übernahm immer mehr Verantwortung, leistete immer mehr. Ich hütete

meine Geschwister, ich kochte, ich putzte. Ich passte mich an. Ich bete.
Irgendwann hatte ich aufgehört, zu essen, ich bin irgendwann zusammengebrochen und kam in eine Klinik. Dort habe ich zum ersten Mal sowas wie Fürsorge erfahren, zum ersten Mal kümmerte sich jemand um mich. Ich kam wieder auf die Beine. Und wurde rückfällig. Vor einem Jahr bin ich ausgezogen. Das war ein erster Schritt in Richtung Freiheit.
Aber ich tu mich schwer, mit dieser Freiheit umzugehen. Ich habe nicht gelernt, das Leben zu genießen, ich weiß nicht, wie das funktioniert. Ich habe auch immer wieder Angst, dass ich versage. In die Hölle komme. Die Drohungen meiner Eltern haben sich tief eingebrannt.«

Dieser kurze Ausschnitt aus Alinas Vergangenheit ist eher eine Momentaufnahme. Alina ist noch mittendrin im Prozess der Aufarbeitung. Sie hat sich dabei therapeutische Unterstützung gesucht und macht erste Gehversuche in ihrem neuen Leben. Der Kontakt zu den Eltern besteht nach wie vor, ist aber nicht mehr so intensiv.

An diesem Beispiel zeigt sich auch, dass Geschwister sehr unterschiedliche Strategien entwickeln, um mit solchen Situationen umzugehen. Während die Schwester rebellierte und sich früh abgrenzte, wählte Alina die Strategie der Anpassung und wurde zu einem stark selbstkontrollierten und überangepassten Teenager. Sie bekam Bestnoten in der Schule, versuchte, den elterlichen Anforderungen zu genügen, und entwickelte ein zwanghaftes Betverhalten. Auch die Essstörung steht mit dieser strengen religiösen Sozialisation in Verbindung.

Mama meditiert

Tom (26 Jahre): »Ich habe eine Riesenwut auf diese ganze Esoterik. Nach der Scheidung meiner Eltern wuchs ich bei meiner Mutter auf, mein Vater zog mit der neuen Freundin in eine weit entfernte Stadt, ich sah ihn ab und zu im Urlaub, aber er war nicht mehr präsent in meinem Alltag. Damals war ich vielleicht so acht Jahre alt. Meine Mutter war mit mir und meinem jüngeren Bruder beschäftigt, außerdem arbeitete sie in einem Bioladen. Sie kam dann über ihren neuen Freund in Kontakt mit einer Meditationsgruppe. Ich erinnere mich, dass sie oft abends nicht zu Hause war. Wir durften fernsehen. Eigentlich ging das ab da immer so weiter. Sie besuchte ein Seminar und einen Workshop nach dem anderen. Eine Zeit lang waren es Engelseminare, da hingen überall Engelbilder in der Wohnung, dann war sie auf dem Auratrip, dann war es Feng Shui, dann war sie in einem Tantrakurs. Genauso oft, wie sie ihren Glauben wechselte, wechselte sie auch ihre Partner. Sie war eigentlich nie da, auch wenn sie da war. Sie war immer nur mit sich selbst beschäftigt. Und je nach esoterischem Trip, auf dem sie gerade war, mussten wir uns einen anderen Blödsinn anhören. Noch heute ist sie so drauf. Ich habe mal versucht, mit ihr über die Vergangenheit zu sprechen, aber sie meinte nur, ich solle loslassen.«

Toms Beispiel zeigt: Eine weltanschauliche Prägung muss nicht per se in einem überbehüteten und kontrollierenden Elternverhalten münden, sondern kann auch eine gegenteilige Wirkung entfalten und bis hin zur Vernachlässigung führen. Gerade dann, wenn Eltern beispielsweise stark zeitlich eingebunden sind, Konzepte der Selbstverwirklichung verfolgen und ein an Narzissmus grenzender Egoismus in der esoterischen Echokammer verstärkt wird, haben Kinder das Nachsehen. Tom sah sich stark in der Verantwortung für seine Mutter, er beschrieb sich als »der Vernünftige«. Kinder, die früh eine solche Parentifizierung erleben, können dies oft auch im Erwachsenenalter nicht ablegen.

Zwischen den Stühlen

Lars (26 Jahre): »Meine Eltern trennten sich, als ich neun war. Damit ging der ganze Ärger los. Vor der Trennung gehörten meine Eltern beide der Gruppe an. Als mein Vater sich trennte, blieb meine Mutter in der Gruppe, und mein Vater begann, einen Feldzug gegen die Gruppe zu führen. Ich war eigentlich meist ganz gern bei den Angeboten, die dort für die Kinder gemacht wurden. Ich kannte es nicht anders. Meine Freunde gingen da auch hin, ich fühlte mich dort zu Hause. Mein Vater behauptete, dies sei schädlich und gefährlich. Ich war damals völlig verunsichert, wusste nicht, was richtig oder falsch war. Ich traute mich nicht mehr, meinem Vater zu erzählen, wie es in der Gemeinde war.

Meiner Mutter wagte ich nicht, von den Äußerungen meines Vaters zu berichten – er meinte immer, sie sei eine religiöse Fanatikerin. Ich verstand die Welt nicht mehr. Er bemühte sich um das Sorgerecht. Ich war dann eine Woche bei ihm und eine bei meiner Mutter.

Noch heute haben meine Eltern keinen Frieden miteinander gefunden. Ich bin es gewohnt, zwischen den Welten zu vermitteln. Aber gleichzeitig bin ich es auch satt. Ich habe meinen Glauben verloren. All das, was mir früher vertraut war und Halt gegeben hat, wurde mir durch den Streit verleidet.«

Lars hatte also die Weltanschauung bzw. die Gruppierung der Eltern trotz fundamentaler Strukturen zunächst als Ressource erlebt. Gerade in der Trennungszeit der Eltern war ihm die Gruppe eine gewisse Stütze. Durch den Streit zwischen den Eltern geriet er zunehmend in Loyalitätskonflikte und distanzierte sich schließlich völlig von seinem Glauben. Er beschreibt seine Jugend als Zeit, die von Widersprüchen und Orientierungsproblemen geprägt gewesen sei.

Die Auserwählte

Leah (20 Jahre): »Ich galt als besonderes Kind. Die Leiterin behauptete, dass ich mit besonderen Fähigkeiten gesegnet sei. Sie sagte dies meinen Eltern schon früh. Ich sei eine Inkarnation eines Gottes. Ich wurde in meiner Kindheit anders behandelt als die anderen. Man verneigte sich vor mir. Ich genoss das, obwohl ich es nicht verstand. Während der Zeremonien küsste man meine Füße. Ich durfte mit Asche meinen Fingerabdruck auf die Stirn der Anwesenden machen. Ich hatte spezielle Kleidung.

Als Kind fand ich das irgendwie toll. Einerseits. Andererseits machte es mich einsam. In der Schule behandelte mich keiner so. Ich wurde dort als eine von vielen behandelt. Ich brach deswegen die Schule früh ab, ich fühlte mich zu Höherem berufen, sollte die Nachfolgerin der Leitung werden. Alle Hoffnung lag auf mir. Aber dann fiel ich in Ungnade. Ich verstehe bis heute nicht, weshalb. Auf einmal träumte die Leiterin, dass sich ein dämonischer Anteil in mir inkarniert habe und sie durch mich getäuscht worden sei. Ich war plötzlich geächtet. Damit kam ich nicht zurecht. Ich geriet in eine tiefe Krise.«

Manchmal kommt es vor, dass »überwertige« Ideen an Kinder und Heranwachsende herangetragen werden und diese, wie im Fall von Leah, schon früh vermittelt bekommen: »Du bist etwas ganz Besonderes.« Sicherlich ist es förderlich für den Selbstwert, jedoch fehlte bei Leah dadurch eine realistische Selbsteinschätzung und ein Selbstbezug. Zu viel des Guten ist eben auch nicht gut.

Auch auf dem Esoterikmarkt werden Eltern, die in ihrem Kind etwas ganz Besonderes sehen, bisweilen fündig. Konzepte wie das der »Indigo-Kinder« oder der »Hochsensiblen« sind für manche Eltern attraktiv. Immer wieder entdecken gerade auch Eltern solche Konzepte für sich, deren Kinder eher auffällig wirken. Hier kann es kritisch werden, weil die Eltern dann dazu neigen können, ihren Kindern nicht die entsprechende Förderung zukommen zu lassen, sondern stattdessen das Umfeld für die mangelnde Sensibilität im Umgang mit ihrem hochbegabten, hochsensiblen, feinfühligen oder eben mit einer besonderen Aura gesegneten Kind verantwortlich machen.

Angst

Ella (21 Jahre): »Die Welt wird untergehen. Das stand für mich fest, seit ich denken kann. Ich wuchs mit der festen Gewissheit auf, dass das Ende kurz bevorstehen würde und wir uns auf das Gericht vorbereiten müssten. Dies prägte mein Leben auf vielfältige Weise. Vor allem jedoch entwickelte ich starke Ängste. Meine Eltern erzählten mir in drastischen Worten, was geschehen würde, und dies produzierte in meinem kindlichen Gehirn stark angstbesetzte Bilder. Das bevorstehende Ende war absolute Gewissheit. Meine Eltern brachten mir bei, dass wir keine Besitztümer brauchen, alles stand im Zeichen des Endes. Wir lebten spartanisch, quasi auf gepackten Koffern.«

Die Bilder, die Ella von früh an vermittelt bekommen hat, prägten sie sehr. Ihre Persönlichkeitsentwicklung wurde stark durch die angstbesetzten Vorstellungen beeinflusst, sie wuchs zu einer unsicheren und ängstlichen Erwachsenen heran und stellt sich noch heute immer wieder die Frage, ob bestimmte Vorkommnisse als Zeichen eines bevorstehenden Weltuntergangs zu interpretieren seien.

Politische Krisen und Naturkatastrophen werfen sie rasch aus der Bahn, und es fehlt ihr ein Grundvertrauen.

Strafe und Schmerz

Clara (27 Jahre): »Alles war reglementiert. Es gab eine Reihe von Verboten. Ich war mir eigentlich immer unsicher, ob eine Sache erlaubt war oder nicht. Denn manche Verbote änderten sich, wurden willkürlich gesetzt. Zu lautes Lachen beispielsweise war mal in Ordnung und mal Gotteslästerung. Oder es konnte vorkommen, dass Unpünktlichkeit ein Kapitalverbrechen war. Viel hing mit der Laune meiner Eltern zusammen. Klar, es gab viel, was man ohnehin nicht durfte: Kurze Röcke, weltliche Literatur, Internet – all das waren klare Tabus. Aber zu diesen klaren Tabus gab es eben noch all diese unvorhersehbaren Regeln. Und immer wurde auf Gott verwiesen. Es hieß: ›Gott möchte das, du sündigst, wir wollen dir auf den rechten Weg helfen.‹ Auf den rechten Weg wurde uns durch Prügel geholfen oder andere drastische Strafen. So musste ich öfters das ganze Haus aufräumen, schon für kleinste Vergehen musste ich den Boden schrubben. Ich bin ja nicht gegen Mithilfe im Haushalt, aber ich glaube, meine Eltern erzwangen die Mithilfe, indem sie uns damit straften.«

Clara brach in ihrer Jugend aus. Sie rebellierte, schlief bei Freunden und wurde schließlich an das Jugendamt weitervermittelt. Noch heute hat Clara Schwierigkeiten im Umgang mit Regeln. Auch der autoritäre Erziehungsstil der Eltern hat psychische Spuren hinterlassen. Gewalt in der Erziehung hat unterschiedliche Auswirkungen auf Kinder und Jugendliche. Abhängig ist dies auch von Einflussfaktoren wie Art und Ausmaß der Gewalt, kindliche Resilienz, Alter und Geschlecht und weiteren Belastungsfaktoren (Kinderschutz Schweiz, 2022). Die Auswirkungen jedoch sind vielfältig und reichen von körperlichen Schädigungen, über emotionale Beeinträchtigungen hin zu psychischen Störungen. Auch können Gewalterfahrungen in der Kindheit zu antisozialem, kriminellem oder aggressivem Verhalten führen (MacMillan et al., 1999).

Außenseiter

Ole (29 Jahre): »Bis ich in die Schule kam, war ich nie mit Kindern außerhalb unserer Gruppe zusammen. Meine Eltern hielten nichts von Kindergärten, und wir trafen uns deshalb regelmäßig in Spielgruppen mit anderen Glaubensbrüdern und -schwestern. So wusste ich bis zum Alter von sechs Jahren wenig vom Leben da draußen. Fernsehen gab es nicht, ich kannte nur unsere Gruppe. Klar, sah man auf dem Spielplatz auch mal Nachbarskinder, aber ich war eigentlich immer nur unter der Kontrolle meiner Mutter. So knüpfte ich keine Kontakte auf der Straße.

Meine Einschulung war ein Schock. Ich wusste nichts von den anderen Kindern. Und gleichzeitig war ich unvoreingenommen. Ich war ein neugieriges Kind, knüpfte in der Schule schnell Kontakte. Das gefiel meinen Eltern nicht. Ich wurde eingeladen auf Geburtstage, da durfte ich nicht hin. Obwohl ich aus dieser anderen Welt kam, mochte man mich, ich hatte Glück. Ich hatte nette Kameraden und eine gute Lehrerin, man ließ mich mein Anderssein nicht spüren. Viele aus meiner Gruppierung erlebten das ganz anders, wurden zu Außenseitern. Ich glaube, ich hatte echt Glück mit meiner Lehrerin und meinen Klassenkameraden. Und dennoch konnte ich nie frei über das erzählen, was ich in dieser anderen Welt erlebte, da ich früh spürte, wie meine Eltern dazu standen.«

Ole sieht sich selbst nicht als Außenseiter. Ihm ist das gelungen, was vielen Menschen, die in Filterblasen hineingeboren wurden, schwerfällt: Er fühlte sich in beiden Welten heimisch. Geholfen hat ihm hier sicherlich das akzeptierende und offene Umfeld. Ole erlebte die andere Welt nicht als feindlich, sondern als offen. Gerade dann, wenn Kinder zu Außenseitern werden, bestätigt dies die Konzepte der Eltern implizit: »Die Welt draußen ist böse und will dich nicht.« Deswegen spielt eine gelingende Integration eine fundamentale Rolle im Leben von Kindern, die in Filterblasen aufwachsen. Denn durch die erlebte Integration werden die negativen Weltbilder widerlegt, durch erfahrene Akzeptanz wird ein emotionaler Zugang zu anderen Weltanschauungen ermöglicht, durch ein tolerantes Miteinander lernen Kinder, dass mehrere Perspektiven möglich sind, und können sich so aus vereinfachten Schwarz-Weiß-

Denkmustern besser lösen. Ole ist der Spagat gelungen, beide Welten voneinander zu trennen. Er konnte früh filtern, was er wem erzählte und wozu er besser schwieg.

Geistiger und seelischer Missbrauch

Johanna (43 Jahre): »›Die Engel weinen, wenn du nicht gehorchst. Gott mag keine Mädchen, die Jeans tragen. Wenn du ungehorsam gegen mich bist, dann bist du ungehorsam gegen Gott. Dafür wirst du im Fegefeuer büßen. Es ist nur zu deinem Besten. Ich schlage dich ja auch nicht gerne, aber ich leiste damit einen Liebesdienst an dir und an Gott. Ich treibe den Satan aus deiner kleinen Kinderseele. Satan möchte dich beherrschen. Wir vertreiben ihn mit der Rute. Es ist Satan, den wir schlagen. Du musst es einfach ertragen. Tu es für Gott.‹ Soll ich noch mehr erzählen? Mit all diesen Sätzen bin ich groß geworden. Meine Kindheit war von Kälte und Schlägen geprägt. Kein Lob, keine liebevollen Worte, keine Geborgenheit. Dafür Angst, Strenge, Schläge – immer und immer wieder. Irgendwann wird man stumpf. Etwas zerbricht. Heute habe ich ein Drogen- und Alkoholproblem. Wie soll man denn diese Scheiße sonst ertragen? Meine Eltern haben mir mein Leben versaut.«

Johanna erlebte nicht nur physische Gewalt, sondern auch einen psychischen Missbrauch. Ihre emotionale Entwicklung wurde durch diese Gewalterfahrungen auf mehreren Ebenen geprägt. Im Gespräch sagte sie einmal: »Für viele Menschen sind Religion und Glauben eine Ressource. Meine Eltern haben mich nicht nur misshandelt, sie haben mir auch diese Ressource genommen. Ich bin ganz allein.«

Johanna hat mit vielen Problemen zu kämpfen, die aus ebendieser Erziehung resultieren. Ihr war es jedoch stets wichtig, dass auch die religiöse Ebene thematisiert wurde. Sie betonte, dass sie eben nicht nur ein Drogenproblem habe, sondern dass es ihr wichtig sei, dieses Problem im Kontext ihrer religiösen Erziehung zu sehen. Sie betonte, dass es ihr ein wichtiges Anliegen sei, sich auch mit ihrer religiösen Biografie auseinanderzusetzen, da gerade die Gottesbilder, die ihr vermittelt wurden, nachwirkten. In solchen Fällen schildern uns Betroffene immer wieder, wie wichtig es ihnen sei, dass ihre Problematik in ihrer ganzen Komplexität gesehen wird und eben nicht auf ein Störungsbild reduziert wird. Deshalb sind wir der Meinung, dass Spiritualität und Psychotherapie dringend ihre Berührungsängste weiter abbauen sollten.

Unterforderung und Bildungsfeindlichkeit

Manny (29 Jahre): »Stundenlanges Stillsitzen im Versammlungsraum, während draußen die Sonne schien. Predigten lauschen, die langweilig sind, zäh, nichtssagend. Immer nur stillsitzen. Zwischendurch der strafende Blick, wenn wir Kinder zappelig wurden. Ich habe sie gehasst, die Versammlungen. Wir gingen dreimal in der Woche. Es gab keine Spielecke. Nichts für uns Kinder. Wir mussten einfach dabeisitzen und still sein. Die Zeit wollte nicht vergehen. Wie gerne hätte ich in dieser Zeit ein Buch gelesen, mich mit etwas beschäftigt. Ich hatte solch einen Wissensdurst. Doch weltliche Bücher, Wissenschaft wurden nicht gerne gesehen. Meine Eltern fürchteten, dies könne mich auf Abwege bringen, meine geistige Entwicklung gefährden. Und so schickten sie mich konsequent auch auf die Volksschule. Obwohl ich eigentlich locker auf das Gymnasium gekonnt hätte, meine Lehrer haben dies empfohlen. Ich begann, mich zu langweilen, wurde ein Störenfried. Machte Unfug.«

In verschiedenen Gruppierungen befürchtet man einen negativen Einfluss durch zu viel Bildung. Die Argumente gegen eine höhere Bildung variieren, meist werden teils fadenscheinige Gründe vorgebracht, weshalb zu viel Bildung der spirituellen Entwicklung schade. Es ist jedoch offensichtlich, dass eher befürchtet wird, dass die Bindung an die Gruppierung durch zu viel Bildung geschädigt werden könnte, junge Menschen beginnen könnten, kritische Fragen zu stellen, sich weltlicher Literatur oder einem Studium weltlicher Schriften zuwenden könnten. Hier ist es wichtig, im Rahmen der Möglichkeiten ein Empowerment für die jungen Menschen anzubieten; dazu gehört auch eine individuelle Förderung bei Unterforderung.

Überforderung

Tammy (33 Jahre): »›Pass auf deine Schwester auf, ich bin noch mal schnell im Retreat, mache einen Yogakurs, gehe meditieren.‹ Meine Mutter war so beschäftigt mit ihrer Selbstverwirklichung, dass sie mich sehr früh als Babysitterin einsetzte. Ich war sechs, als ich zum ersten Mal mit meiner zweijährigen Schwester alleine gelassen wurde. Ich durfte nicht weinen, meine Mutter meinte, eine sehr alte Seele wohne in mir, deswegen könne man mir solche Aufgaben durchaus schon zutrauen. Sie lobte mich, manchmal weinte sie, manchmal brachte sie Männer mit. Ich tröstete sie, ich kochte und hielt die Wohnung in Ordnung. Ich half meiner Schwester mit den Hausaufgaben. Meine Mutter kiffte, war arbeitslos, ging auf Partys. Weil sie jedoch eine studierte Ethnologin war, sogar einige akademische Würden gesammelt hatte, blieben wir immer unter dem Radar des Jugendamtes. Sie wusste, wie sie sich wo präsentieren musste, wusste, welche Geschichte sie wem erzählen musste, konnte mit einem Wimpernschlag Mitleid erzeugen. Wie es mir ging, hat sie nie interessiert. Viel zu früh musste ich erwachsen sein. Heute werde ich so wütend, wenn ich das Gerede meiner Mutter höre, wenn sie von Aura, von alten Seelen und so spricht.«

Tammy ist nicht in einer geschlossenen Gruppierung groß geworden, sondern wuchs stattdessen mit einer Mutter auf, die auf spiritueller Suche war. In der typischen Patchworkreligion der Mutter wurden Rechtfertigungen und Gründe konstruiert, die es ihr erlaubten, ohne schlechtes Gewissen der Selbstverwirklichung zu frönen – ohne Rücksicht auf die Bedürfnisse ihrer Kinder.

Immer wieder berichten uns Menschen von solch einem Elternverhalten. In einem sehr drastischen Fall berichtete ein junger Mann, die Mutter sei schon früh ausgegangen, ohne einen Babysitter zu organisieren, weil sie auf ihre telepathischen Fähigkeiten vertraute und überzeugt davon war, sie bekomme es schon mit, wenn die Kinder aufwachen würden und nach ihr schreien würden.

Vernachlässigung

Magdalena (45 Jahre): »Es war einfach zu wenig Zeit und wir waren zu viele Kinder. In unserer Gruppe galt die Familie, die die meisten Kinder hatte, auch am meisten. Deswegen bekamen meine Eltern acht Kinder. Und rückblickend sage ich, dass das das größte Problem war. Sie waren schlichtweg überfordert mit der Kinderschar. Meine Mutter litt immer wieder an Depressionen, lag wochenlang im Bett und kümmerte sich nicht um uns. Und trotzdem bekam sie immer weiter Kinder. Ich bin die Zweitälteste. Ich half von Anfang an mit und versorgte meine kleinen Geschwister. Ich glaube, auch wenn alles glatt gelaufen wäre, sind acht Kinder einfach eine Hausnummer. Aber so bleiben Bedürfnisse auf der Strecke, da wird man nicht gesehen. In dieser Konstellation war es verheerend. Mein Vater war stark in die Gruppe eingebunden, er arbeitete ehrenamtlich, ließ sich ausnutzen, war quasi nie da.«

In einigen Gruppierungen wird es gerne gesehen, wenn Familien viele Kinder bekommen. Das Aufwachsen in einer Großfamilie bietet Vor- und Nachteile. So lernen Kinder aus solchen Familien, zurückzustehen, sich in ihren Bedürfnissen zu kontrollieren und Verantwortung zu übernehmen (je nach Geschwisterfolge). In unserem Beispiel jedoch übernehmen die Eltern die Vorstellungen der Gruppierung zur Familienplanung ohne Rücksicht auf die psychische Situation der Mutter. Diese holistischen Auswirkungen geschlossener religiöser Gruppierungen auch auf Themen wie Familienplanung und Familienalltag sollten im Auge behalten werden. Magdalena stellt sich noch heute manchmal die Frage: »Was wäre, wenn?« Sie schildert, dass es ein jahrelanger Prozess war, zu lernen, nicht stets Verantwortung zu übernehmen, sich schuldig zu fühlen und ihren eigenen Bedürfnissen Raum zu geben. Auch in späteren Beziehungen war sie durch das alte Muster geprägt.

Vereinfachtes Weltbild

Maria (35 Jahre): »Alles war einfach, als ich klein war, ich wusste was gut war und was böse. Ich hatte Leitplanken. Das hat mir das Aufwachsen erleichtert. Als ich noch ein Grundschulkind war, störte mich das nicht – im Gegenteil, ich fand es gut. Ich hatte liebevolle Eltern. Sie meinten es gut mit mir. Ich bin auch heute noch überzeugt, dass sie wirklich aus dem Innersten heraus das Beste für uns wollten. Sie impften uns nicht, wir wuchsen sehr naturverbunden auf, noch heute finde ich auch vieles von dem, was sie mir mitgegeben haben, ganz gut. Ich bin auch pharmakritisch und habe meine Tochter erst mal nicht geimpft. Meine Schwester studierte Medizin. Das war ein harter Schlag für meine Eltern. Das Verhältnis ist noch heute angespannt.«

Hier ergeben sich die Schwierigkeiten typischerweise dann, wenn Kinder beginnen, das Weltbild der Eltern infrage zu stellen. Je nach Charakter und Umständen kann dies offensiv geschehen oder in stiller Rebellion. Manche Kinder adaptieren auch die elterlichen Vorstellungen und übernehmen sie ohne eine Phase des kritischen Hinterfragens. Sicher hängt dies auch wesentlich damit zusammen, ob die Kinder ihre Eltern auch im positiven Sinne als Vorbilder erleben, sich geliebt und angenommen fühlen. Wir beobachten häufig, dass sich Geschwister hier recht unterschiedlich positionieren. Spannend ist es, in Beratungsgesprächen stets auch nach der Haltung von Geschwistern und anderen Familienangehörigen zu fragen, denn die Strategien, mit den Weltbildern der Eltern umzugehen, können teils stark voneinander abweichen. Grundsätzlich ist es positiv, wenn Kinder elterliche Weltbilder infrage stellen dürfen, ohne dadurch eine Ablehnung der Eltern zu befürchten.

Zerrissenheit

Tine (34 Jahre): »Ich führte ein Doppelleben, kann man sagen. In der Schule wussten sie nichts von der Gruppe. Und umgekehrt wusste niemand in der Gruppe, dass ich Freunde hatte, heimlich Alkohol trank und rauchte. Wir deckten uns gegenseitig. Auch meine Freundin aus der Gruppe befreundete sich mit welchen aus der Klasse. Wir gaben uns gegenseitig Alibis. Eine ganze Weile kamen wir so durch und flogen erst auf, als wir unvorsichtiger wurden. Etwas erleichtert war ich dann irgendwie. Weil das Doppelleben ein Ende hatte. Es folgten schwere Zeiten. Ich war verliebt in einen Jungen aus meiner Klasse. Wir konnten uns nur heimlich treffen. Meine Eltern hätten ihn niemals akzeptiert.

Ich fand die kreativsten Vorwände, ihn zu treffen. Den endgültigen Absprung schaffte ich erst, als ich meinen Abschluss hatte. Ich zog weg. Es gelang mir nie, in einen offenen Konflikt zu treten mit den Eltern. Noch heute vermeiden wir das Thema ›Religion‹ eher. Sie wissen nichts von meinem Leben, ich habe ihnen meinen Freund nie vorgestellt. Wenn ich zu ihnen gehe, bin ich das angepasste Mädchen.«

Die Zerrissenheit, die Tine beschreibt, erleben wir häufiger bei Menschen, die offene Auseinandersetzungen eher vermeiden. Gleichzeitig fühlte sich Tine in der Familie wohl, sie wollte den Eltern ihr Leben nicht zumuten, weil ihr bewusst war, wie diese ihr Leben beurteilen würden. Sie kannte die Werte und Vorstellungen der Eltern und ihr war bewusst, dass sie die Erwartungen der Eltern nicht erfüllte.

Fazit

Es zeigt sich an diesen unterschiedlichen Beispielen: Das Spektrum und die Erfahrungen, die Menschen machen, die in geschlossenen religiösen Gruppierungen aufwachsen, sind weit gefächert. Stets handelt es sich um ein Zusammenspiel von inneren und äußeren Faktoren, jedes Kind entwickelt seine eigenen Strategien, mit solchen Situationen umzugehen. Wenn Konflikte zwischen den Welten entstehen, spielen diverse Konfliktlösungsstrategien eine Rolle. In der Regel ist es in hierarchischen Systemen kaum möglich für Kinder, Konflikte auf Augenhöhe auszutragen und auszudiskutieren.

Dritter Teil: Was tun?

Überblick

Die Situation von Filterblasenkindern zu verstehen, deren besonderen Lebensumstände besser nachvollziehen zu können und einen spezifischen Blick auf Grundproblematiken zu haben, ist ein erster Schritt. Wir hoffen, mit den ersten beiden Teilen des Buches diesen Verstehensprozess angekurbelt zu haben. Dennoch drängt nun die Frage: Was tun? Wie können wir in einer Gesellschaft, in welcher explizit auch Platz ist für Filterblasen, einen Umgang mit Kindern aus solchen Blasen finden, der es einfacher macht für diese Kinder, später selbst zu wählen, welchen Platz sie einnehmen wollen?

Zu einem gelingenden Umgang können verschiedene Akteure beitragen. Vielfach sind Pädagoginnen und Pädagogen konfrontiert mit Kindern aus weltanschaulichen Filterblasen. Deswegen wollen wir im ersten Kapitel »Filterblasenkinder in der Schule« der Frage nachgehen, wie mit Filterblasenkindern in der Schule umgegangen werden kann, welche juristischen Rahmenbedingungen (am Beispiel des Schulrechts in Baden-Württemberg) es hier gibt und welche konkreten Strategien nützlich sein können im Unterrichtsalltag. Dazu beleuchten wir exemplarisch unterschiedliche Situationen.

Das Kapitel »Filterblasenkinder in der Familie und im Freundeskreis« handelt vom Umfeld, also Freunden, Verwandten oder Bekannten, die oft hilflos danebenstehen und ohnmächtig Entwicklungen beobachten, ohne zu wissen, wie sie sich verhalten sollen. Wir werden in unseren Beratungen oft gefragt, was man »falsch« und »richtig« machen könne. Sicherlich gelingt es nicht, pauschale Antworten zu geben, jeder Mensch und jede Geschichte ist individuell und einzigartig. Dennoch gibt es bestimmte Musterübereinstimmungen.

Im Kapitel »Filterblasenkinder in der Beratung und Therapie« legen wir den Fokus auf das Anliegen, in diesem Sektor Tätige für die besondere Situation von Kindern und Jugendlichen aus weltanschaulichen Filterblasen zu sensibilisieren. Denn oft berichten uns junge Menschen, die aus Filterblasen ausgestiegen sind, dass sie den Eindruck haben, ihre Therapeuten könnten diese besondere Situation des Aufwachsens in einer religiösen Filterblase gar nicht so recht verstehen. Und Aussteigende und Ausgeschlossene schildern oft ähnliche Erfahrungen. Auch von deren Problemen und Unterstützungsmöglichkeiten handelt das Kapitel.

Filterblasenkinder in der Schule

Wenn Pädagogik an die Grenzen stößt

Die religiöse Pluralität nimmt zu. Die Schule stellt dabei ein Brennglas dieser gesellschaftlichen Veränderungsprozesse dar. Das Thema »Glaube und Religion« in der Schule führt nicht selten bei allen Beteiligten zu Verunsicherungen, aber auch zu Fragen rund um das Thema »Religionsfreiheit« sowie zur religiösen Neutralität des Staates im Verhältnis zu seinem Bildungsauftrag.

Eine einfache Antwort gibt es in diesen Fragen selten. Vielmehr stellen sie sich als umfassend, komplex und schwierig zu erklären dar. Der Rechtsbegriff der »praktischen Konkordanz« findet in diesem Zusammenhang häufig Verwendung. Er beschreibt das Prinzip, eine Lösung für jene Fälle zu finden, in denen gleichrangige Verfassungsnormen (hier Religionsfreiheit und das Recht auf Bildung) kollidieren. Die anzustrebende Lösung soll dabei beide miteinander kollidierenden Verfassungsnormen berücksichtigen und beide in ihrer Wertigkeit und Wichtigkeit nicht verändern. Es soll somit ein Ausgleich zwischen beiden Normen angestrebt werden.

Die verfassungsrechtlichen Grundlagen bilden dabei unsere freiheitlich-demokratische Grundordnung, die Staatsziele gemäß Grundgesetz sowie die Grundrechte, die sich aus dem Grundgesetz, der europäischen Menschenrechtskonvention sowie der jeweiligen Landesverfassung ergeben. Die Institution »Schule« befindet sich also in einem mehrpoligen Rechtsverhältnis, in welchem sich die Grundrechte der Schülerinnen und Schüler, das elterliche Erziehungsrecht, die Aufsichtsbefugnisse des Staates im Schulwesen sowie die Grundrechte Dritter berühren und auch überschneiden.

Nicht selten führt dies vor allem im schulischen Alltag zu Konflikten. Es bedarf zum einen der Kenntnis über die rechtlichen Rahmenbedingungen, zum anderen aber auch des pädagogischen Feingefühls, um diese Situationen adäquat und vor allem souverän als Lehrkraft oder Pädagoge bearbeiten zu können.

Fallbeispiele[4]

> Unter Verweis auf die Religionsfreiheit verweigert ein Schüler oder eine Schülerin die Teilnahme am koedukativen Sport- bzw. Schwimmunterricht.

Ein Fall, der nicht selten zunächst für Verunsicherung aller Beteiligter sorgt. Hinter dem Wunsch des Schülers oder der Schülerin steht meist die Frage nach einer entsprechenden Körperbedeckung gegenüber dem anderen Geschlecht. Unabhängig davon, mit welcher religiösen oder weltanschaulichen Überzeugung argumentiert wird, stellt sich die Situation für die Lehrkraft gleich herausfordernd dar. Wie soll eine Lehrkraft reagieren, wenn sie, neben dem ganzen Alltagsgeschäft, nun mit dieser Thematik konfrontiert wird, und was sind die rechtlichen Rahmenbedingungen?

Es stehen sich zwei Grundrechte gegenüber: der Erziehungsauftrag des Staates gemäß Art. 7 GG sowie das Recht auf freie Religionsausübung gemäß Art. 4 GG. Wie anfangs erwähnt, steht keine Norm der anderen nach. Ferner besteht gemäß § 72 Abs. 3 des baden-württembergischen Schulgesetzes Schulbesuchspflicht. Die Erziehungsberechtigten haben für deren Erfüllung Sorge zu tragen.

Entsprechend dem Urteil des Bundesverwaltungsgerichts (11.9.2013, 6 C 25/12) kann die Teilnahme am gemischt-geschlechtlichen Schwimmunterricht und Sportunterricht grundsätzlich nicht unter Verweis auf die Religionsfreiheit abgelehnt werden. Mit Verweis auf den Integrationsauftrag der Schule wird daher, wie anfangs

---

[4] Die nachfolgenden Fallbeispiele beziehen sich auf die Rechtslage in Baden-Württemberg.

erwähnt, nach einem Ausgleich beider kollidierender Grundrechte gestrebt. Neben der Möglichkeit, den Schwimmunterricht entsprechend zu organisieren, kann so auch spezielle Sport- oder Schwimmbekleidung (z. B. Burkini) gestattet werden, die es der Schülerin ermöglicht, dennoch am Unterricht teilzunehmen.

Pädagogischer Umgang: Dieses Rechtsbeispiel verdeutlich anschaulich, inwiefern in der Praxis ein differenzierter Blick auf beide Seiten notwendig ist. Grundsätzlich empfiehlt es sich, solche Situationen zunächst nach Möglichkeit durch Gespräche mit Eltern und Schülern zu lösen. In solchen Gesprächen kann über die Rechtslage aufgeklärt werden, und es sollte gemeinsam nach Kompromissen gesucht werden. Hier empfiehlt es sich, mit Kollegen und Kolleginnen oder der Schulleitung schon vorab Möglichkeiten für Kompromisse zu eruieren. Und gleichzeitig können auch die Eltern und die Schülerin oder der Schüler miteinbezogen und gefragt werden, unter welchen Umständen eine Teilnahme denkbar ist. Voraussetzung dafür sind allerdings eine beidseitige Kompromissbereitschaft und der beidseitige Wunsch nach Lösungen.

> Können Schülerinnen und Schüler die Einrichtung eines Gebetsraumes und die Freistellung vom Unterricht zur Einhaltung der Gebetszeiten fordern?

Hier ist der Wunsch der Schülerinnen und Schüler nach einer Möglichkeit zum persönlichen ungestörten Gebet innerhalb des Schulalltags zu erkennen. Häufig liegt der Wunsch darin begründet, allein im Stillen, ungestört von allem Trubel des Schulalltags sich dem Gebet zu widmen, aber auch bestimmte Zeiten hierfür einhalten zu können. Schulorganisatorisch liegt hierin eine Herausforderung. Räumlichkeiten sind in der heutigen Zeit rar und die Zeiten werden durch einen geplanten und getakteten Stundenplan festgelegt.

Das Recht auf Religionsfreiheit (Art. 4 Abs. 1 und 2 GG) sowie deren freie Ausübung begründen keine regelmäßige Freistellung vom Unterricht, auch nicht zum regelmäßigen Gebet (Urteil des Bundesverwaltungsgerichts vom 30.11.2011, 6 C 20/10). Der schulische Erziehungs- sowie Bildungsauftrag und damit die ordnungsgemäße Teilnahme am Unterricht sowie anderer schulischer Pflichtveranstaltungen darf nicht beeinträchtigt werden. Außerhalb des Unterrichts steht es jedem Schüler und jeder Schülerin frei, sich dem Gebet zu widmen, sofern der Schulfriede dadurch nicht gestört wird. Ebenfalls *können* hierfür Gebetsräume eingerichtet werden. Ein Anspruch darauf besteht allerdings auch aufgrund der verschiedenen Gegebenheiten vor Ort sowie der Raumsituation an vielen Schulen nicht.

Pädagogischer Umgang: Dieses Beispiel verdeutlich, dass es durchaus Situationen gibt, für die das Gesetz einen eindeutigen Rahmen vorgibt. Hier bietet es sich an, in Gesprächen zunächst zu verdeutlichen, welche gesetzliche Ausgangslage besteht. Gleichzeitig ist dabei klar: Der Ton macht die Musik. Statt zu fordern, wäre es für die Beteiligten unter Berücksichtigung der Rechtslage wahrscheinlich strategisch sinnvoller, um solche Räume zu bitten. Denn grundsätzlich steht es Schulen frei, sollte die Möglichkeit für solche Räume bestehen, diese anzubieten. Nicht jedoch können sie eine Befreiung vom Unterricht für Gebetszeiten gewähren. Allerdings sollte berücksichtigt werden, dass Gebetsräume – falls Schulen sich entscheiden, solche einzurichten – allen Schülern, unabhängig von der jeweiligen Konfession, offenstehen müssen. Es ist auch notwendig, sich im Vorfeld Gedanken über Regeln der Benutzung und über die Gestaltung des Raumes zu machen und dies idealerweise unter Einbezug der Schülermitverwaltung oder weiterer Akteure. Auch die Frage der Aufsicht über den Raum und seiner Pflege sollte geklärt werden.

Das Verteilen von Bibeln, Koranen usw. sowie Flyern für religiöse Angebote bzw. Veranstaltungen.

Grundsätzlich gilt die sogenannte Neutralitätspflicht für Lehrkräfte sowie für öffentliche Schulen. Der Erziehungs- und Bildungsauftrag der Schule verbietet es demnach, dass in den Schulen Werbung für wirtschaftliche, politische, weltanschauliche oder sonstige Interessen betrieben wird.

Eine Ausnahme stellt der bekenntnisgebundene Religionsunterricht dar, der in Übereinstimmung mit den Lehren und Grundsätzen der betreffenden Religionsgemeinschaft durchzuführen ist. Ein Verteilen von religiösen Schriften ist daher außerhalb des bekenntnisgebundenen Religionsunterrichts an öffentlichen Schulen nicht gestattet.

Pädagogischer Umgang: Sollte eine Verteilaktion religiöser Schriften durch einen Schüler erfolgen, wird empfohlen, ihm zu verdeutlichen, dass er in seiner Freizeit außerhalb der Schule dieses Material verteilen kann, es jedoch aufgrund der oben genannten rechtlichen Rahmen innerhalb des Schulgeländes nicht statthaft ist. Grundsätzlich geht es ja bei der Rückmeldung an den Schüler nicht um eine Wertung seiner religiösen Überzeugung, sondern um die Verdeutlichung und vor allem Begründung des rechtlichen Rahmens.

Eltern beantragen die Befreiung vom Sexualkundeunterricht.

In der Weltanschauungsarbeit ist dies wohl eine der häufigsten Fragestellungen, die den schulischen Raum betreffen. Hier kollidieren oft teils sehr emotionale Positionen und Überzeugungen miteinander, die auch viel mit Ängsten der Eltern zu tun haben. Unabhängig von den religiösen Überzeugungen stoßen schon gesamtgesellschaftlich hier Meinungen aufeinander, die regelmäßig unter den Begriffen des »Gendern«, der sexuellen Vielfalt, aber auch der »Sexualisierung« in den Medien auftauchen.

Bei der schulischen Sexualerziehung besteht Einigkeit darüber, dass diese keinen Eingriff in die Glaubensfreiheit von Schülerinnen und Schülern oder das Erziehungsrecht der Eltern darstellt. Im Kern geht es bei der Sexualerziehung in der Schule um die Vermittlung von Wissen bzw. Tatsachen. Eine ideologische oder weltanschauliche Bewertung der Fakten findet nicht statt. Es soll also rein um eine Darstellung der biologischen Vorgänge gehen, die die Fortpflanzung, Krankheiten sowie deren beider Verhütung thematisieren.

Das Oberverwaltungsgericht Münster (19A2705 vom 29. März 2006) sowie das Bundesverwaltungsgericht (6B64/07 vom 8. Mai 2008) begründen ihre Entscheidungen damit, dass Kenntnisse über biologische Vorgänge und Krankheits- sowie Empfängnisverhütung nicht vorenthalten werden dürfen, da dies nicht vereinbar wäre mit der Werteordnung des Grundgesetzes und seinem Idealbild des eigenverantwortlich handelnden Menschen.

Pädagogischer Umgang: Eltern sollten rechtzeitig über die Inhalte sowie den geplanten Medieneinsatz informiert werden. Empfehlenswert sind hierfür der Elternabend zu Beginn des Schuljahres oder separate Elternmitteilungen. Dies kann unnötige Spannungen oder Missverständnisse im Vorfeld klären.

Manche Schulen entscheiden sich dafür, professionelle Anbieter, wie etwa Pro Familia, hinzuzuziehen. Sollten Eltern Bedenken äußern, sind Elterngespräche sinnvoll, in welchen Bedenken und Ängste Raum finden und ausgeräumt werden können. Oft gibt es seitens der Eltern völlig falsche Vorstellungen zu den Inhalten des Unterrichts und dem pädagogischen Umgang mit der Sexualkunde. Entlastend kann es auch sein, wenn Fachschaften oder Kollegien Informationsbriefe gemeinsam vorformulieren.

Ebenfalls feinfühlig sollte man bei der Auswahl von Medien oder Materialien sein, die sich so nicht im Schulbuch wiederfinden. Es ist ratsam, das Material hinsichtlich seiner Tauglichkeit, aber auch seines Konfliktpotenzials gründlich zu prüfen. Pädagogen und Pädagoginnen sind angehalten, gerade bei sensiblen Unterrichtsthemen den rechtlichen Rahmen im Blick zu behalten (siehe gerichtliche Entscheidung). Hilfreich sind die Fragen: Was möchte ich mit dem Medium erreichen bzw. bewirken? Kann ich dieses Ziel auch mit einem weniger umstrittenen Medium erreichen?

> Eltern beantragen aus religiösen Gründen eine Befreiung vom Unterricht, weil die Lektüre »Krabat« behandelt werden soll.

Dass Eltern sich aus religiösen oder weltanschaulichen Gründen an der Auswahl einer Lektüre stören, kommt eher selten vor. Häufig sind ihnen die Inhalte bzw. die Vorgaben des Bildungs- oder Lehrplans bereits im Voraus bekannt, sei es durch den Elternabend oder durch die allgemeinen Prüfungsbestimmungen, z. B. die Abiturthemen.

Doch Lehrkräfte können auch im Rahmen ihrer pädagogischen Freiheit auf Lektüren oder Filme zurückgreifen, die bei Eltern zumindest für Nachfragen sorgen könnten. Im Fall von »Krabat« ging es um die Darstellung schwarzer Magie, an der die Eltern im konkreten Fall Anstoß genommen haben.

Das Bundesverwaltungsgericht hat im sogenannten »Krabat-Urteil« (BVerwG, 11.9.2013, 6 C 12.12) geklärt, dass Schülerinnen und Schüler oder deren Erziehungsberechtigte nicht das Recht haben, aus religiösen Gründen von unliebsamen Unterrichtsinhalten befreit zu werden. Ein Anspruch auf Befreiung besteht nur, sofern es sich nicht um reguläre Unterrichtsinhalte handelt (z. B. Weihnachtsgottesdienst). Bei Inhalten, die vom Lehr- bzw. Bildungsplan vorgesehen oder nach diesem möglich sind, ist die Teilnahme verpflichtend.

Pädagogischer Umgang: Es ist empfehlenswert, bereits am Elternabend zu Anfang des Schuljahres auf die geplanten Lektüren oder Filme hinzuweisen, die im Unterricht behandelt werden sollen. So haben die Lehrerinnen und Lehrer die Möglichkeit, den Sinn und Zweck zu erläutern und den Mehrwert der Lektüre oder des Films den Eltern darzustellen. Medieneinsätze sowie die Auswahl von Lektüren, sollten sie nicht ohnehin bereits vorgegeben sein, sollten immer gut überlegt und anhand des Lehr- oder Bildungsplans begründbar sein, insbesondere, wenn die geplante Lektüre Konfliktpotenzial enthält.

Allgemeine pädagogische Überlegungen

Zunächst ein paar kurze »Fälle«:

- Im Biologieunterricht von Herrn Schuster gibt es Diskussionen, weil zwei Schüler die Evolutionstheorie infrage stellen. Wie soll Herr Schuster damit umgehen?
- Klara darf nicht mit auf Klassenfahrt und gerät zusehends in eine Außenseiterrolle. Die Lehrerin befürchtet, dies könne von den Eltern, die in einer religiösen Gruppierung sind, intendiert sein.

Die Eltern würden aktiv Freundschaften zu Andersgläubigen verhindern und einen nicht unerheblichen Beitrag leisten, damit ihre Tochter in eine Außenseiterrolle gerate.
- Toms Mutter verteilt während der Pandemie Flugblätter und schließt sich offensiv dem Querdenkermilieu an. Tom ist das unangenehm und peinlich.

Solche und ähnliche Fälle werden uns in der Beratungsstelle ZEBRA/BW immer wieder berichtet. Ein Teil betrifft rechtliche Fragen, wenn es etwa darum geht, ob Eltern ihre Kinder aus religiösen Gründen vom Schwimmunterricht befreien dürfen oder wenn die Lektüre von Büchern wie »Krabat« verhindert werden soll. Dazu haben wir oben bereits einige Fälle aufgegriffen.

Ein anderer Teil jedoch betrifft Fragen nach gelingender Integration und Beziehungsgestaltung. Die größte Chance für Kinder, die in Filterblasen aufwachsen, ist die Schule. Hierzulande besteht Schulpflicht, was aus sozialer Perspektive eine enorme Bereicherung für Filterblasenkinder darstellt (und nicht nur für diese!). In der Schule kommen Filterblasenkinder zum ersten Mal in Berührung mit divergierenden Weltsichten, anderen Lebensentwürfen und Meinungen. Einerseits kann das destabilisieren, verwirren und Angst erzeugen, andererseits bekommen Kinder so neue Perspektiven, Vergleichsmöglichkeiten, andere Werte und Normen vermittelt.

In den USA, wo es solch eine staatlich verordnete Schulpflicht nicht gibt, kommt es gerade im religiösen Kontext immer wieder zu extremer Abschottung und Radikalisierung. Eltern, die streng gläubig sind, nehmen ihre Kinder aus der Schule und unterrichten sie zu Hause. Auch hier in Deutschland wurde das sogenannte »Freilernen« oder dauerhaftes »Homeschooling« während und nach der Pandemie von bestimmten weltanschaulichen Gruppierungen teils radikal gefordert. Eltern, die ihre Kinder aus der Schule nehmen, um sie vor dem staatlichen Einfluss zu »bewahren«, und damit die Schulpflicht verletzen, sind den Schulaufsichtsbehörden bekannt und werden entsprechend geahndet.

Damit Lernziele wie Toleranz, Akzeptanz, Respekt und Wertschätzung auch für Andersglaubende gedeihen können, braucht es gute Wachstumsbedingungen. Starten wir hier einmal mit den guten Nachrichten: Jugendliche zeigen heutzutage eine enorme religiöse Toleranz, es spielt kaum noch eine Rolle, welchen Glauben jemand hat (siehe Erster Teil, Kapitel: »Glaube heute«). Viele jungen Menschen sind daran gewöhnt, Diversität zu akzeptieren, anders zu sein, ist normal. Muss unsere Jugend also noch mehr Toleranz und Rücksichtnahme lernen? Sind die jungen Menschen nicht bereits auf einem guten Weg zu einer weltoffenen, integrativen und dialogfähigen Gesellschaft?

Die Stärkung von Gemeinschaft, erlebter Zugehörigkeit, starken Klassenverbänden und einem positiven Gruppengefühl sind Erfahrungen, die grundsätzlich für alle Kinder entwicklungsfördernd sind. Die positiven Auswirkungen von Gruppenzugehörigkeit zu erleben, ist insbesondere für Kinder, die so etwas aus ihrer Herkunftsfamilie nicht kennen, von höchster Bedeutung:

»Wenn die Geburtstage anderer Kinder gefeiert wurden, durfte ich nicht mitmachen. Meine Eltern wollten, dass ich vor der Tür warte. In der fünften und sechsten Klasse wurde das auch so gehandhabt. In der siebten Klasse hatte ich eine Lehrerin, die das anders machte. Sie koppelte die Feierlichkeiten vom Geburtstag ab, und ab da konnten meine Eltern nichts mehr sagen. Es gab einmal im Monat ein gemeinsames Frühstück, organisiert von den Geburtstagskindern – aber sie nannte es ›Monatsfeier‹. Sie hat begriffen, wie wichtig es für mich war, Teil der Klassengemeinschaft sein zu dürfen. Ich bin ihr noch heute dankbar. Sie hat sich in jeglicher Hinsicht für mich eingesetzt. Sie hat es sogar geschafft, dass ich in den Chor durfte, dort knüpfte ich wichtige Freundschaften, die mir später noch wichtig waren und mir halfen, aus der Gruppe rauszukommen. Ich erlebte mich als akzeptierter Teil einer Gemeinschaft, ich erlebte, dass die Welt draußen eine gute Welt war.«

In einer Lehrerfortbildung zum Thema stellten wir die Wichtigkeit von solchen smarten Lösungen für Kinder aus religiösen Filterblasen vor. »Aber was ist dann mit Weihnachtsfeiern? Mit unserem kulturellen Erbe? Müssen wir nun unsere Religion und Kultur verleugnen, nur damit Menschen aus anderen Religionen und Kulturen sich nicht ausgeschlossen fühlen?«, fragte ein sichtlich empörter Pädagoge. In der Tat sind dies wichtige Fragen, die zu stellen sind. Wo sind die Grenzen von Toleranz und Akzeptanz? Positive Gemeinschaftserlebnisse haben im Leben so vieler Menschen einen derartig hohen Stellenwert, dass wir diese Ressource möglichst allen Kindern und Jugendlichen zugänglich machen sollten.

Lehrerinnen und Lehrer sind heutzutage teils auch mit rassistischen, menschenverachtenden Kommentaren im Klassenzimmer konfrontiert. Nicht immer ist Toleranz der Weg der Wahl. Toleranz ist gut, aber nicht gegenüber intolerantem oder gar strafrechtlich relevantem Verhalten. Falsch verstandene Toleranz kann sogar schädlich sein (Kotte, 2018). Konfliktmanagement zu lernen, bevor die Kinder reihenweise in den Brunnen gefallen sind, ist deswegen eine wichtige Aufgabe, welche idealerweise bereits in der ersten Ausbildungsphase junger Lehrerinnen und Lehrer vermittelt werden sollte.

Eine befreundete Lehrerin sagte einmal: »Die Integration dieser Kinder ist eigentlich nicht so kompliziert, man muss sich etwas auf die innere Logik einlassen und bereit sein, kreative Lösungen zu finden. Dann singen wir an Weihnachten eben keine Weihnachtslieder, sondern Winterlieder im Klassenzimmer. Dann nennen wir die Weihnachtsfeier eben Winterfeier. Im Kern geht es immer noch um dasselbe. Wir erleben uns als Gemeinschaft innerhalb des Klassenzimmers, wir transportieren – wenn wir es mal christlich formulieren wollen – die Kernbotschaft von Jesus weiter. Der war ja auch bekannt dafür, dass er Partys mit den Ungläubigen feierte, mit den Outlaws, mit denen, die nicht dazu gehörten, die Außenseiter waren. Und genau an dieser Stelle verteidige ich unsere christlichen Werte.«

Hier wird deutlich: Gelebte Integration und Akzeptanz ist eine Frage der Haltung. Es wäre verführerisch, einen Zehnpunkteplan für gelingende Integration zu entwerfen, den wir angehenden Pädagoginnen und Pädagogen aushändigen. Doch darum geht es nicht. Es braucht vielmehr eine entsprechende Haltung.

**! WAS IM SCHULISCHEN UMGANG MIT FILTER-
BLASENKINDERN BESONDERS WICHTIG IST**
- Anerkennung, Respekt und Wertschätzung;
- Blick auf Gemeinsamkeiten und Verbindendes richten;
- positive Gruppenerfahrungen;

- soziales Lernen fokussieren;
- eigene Grenzen kennen;
- Bereitschaft für kreative und integrative Lösungen;
- Gespräche führen;
- Grenzen ziehen (beispielsweise bei Missionierungsversuchen);
- aktive Elternarbeit;
- keine Diskussion von Glaubens- und Meinungsstandpunkten (dies gehört in den privaten Kontext);
- kollegiale Beratung und Unterstützung;
- integrationsfördernde Maßnahmen;
- Verständnis aufbauen;
- Vorbild sein;
- Persönlichkeit, Selbstvertrauen stärken;
- offene Diskussionskultur pflegen.

Der Blick auf das Kind

Kinder aus fremden Glaubenswelten sind nicht immer bemitleidenswerte Wesen, sondern mitunter fühlen sie sich wohl in ihrer Filterblase – so wie wir alle uns mehr oder weniger wohl in unseren ureigenen Filterblasen fühlen. Deshalb sollen hier zunächst zwei verschiedene Szenarien vorgestellt werden, die berücksichtigt werden müssen, wenn Sie es mit Filterblasenkindern zu tun haben:

Das Kind identifiziert sich mit der Gruppe und dem elterlichen Glauben: Gerade kleinere Kinder identifizieren sich häufig noch völlig selbstverständlich mit dem elterlichen Glauben. Erst mit Beginn der Pubertät beginnen Kinder Fragen zu stellen, zu hinterfragen, herauszufordern oder sich abzuwenden. Für viele Kinder bietet die eigene Filterblase Sicherheit, Vertrautheit und ist ein Zuhause. Es ist nicht Aufgabe des Pädagogen, Kindern hier »die Augen zu öffnen«, sie herauszulösen oder den elterlichen Glauben infrage zu stellen. Respektieren Sie die Glaubensfreiheit der Eltern und des Kindes, auch wenn dies bisweilen eine Herausforderung darstellt! Pädagoginnen und Pädagogen sollten ihre argumentative Überlegenheit nicht dazu nutzen, das Kind in seinen Glaubensansichten zu beeinflussen. Wenn sich Jugendliche gegen den elterlichen Glauben entscheiden, ist dies im Kontext geschlossener religiöser Gruppierungen meist ein intensiver und langer Prozess.

Dennoch können Sie für die Filterblasenkinder günstige Bedingungen schaffen, um ihnen einen guten Boden für eine freie Entscheidung zu bereiten. Bemitleiden Sie z. B. das Kind nicht, sondern begegnen Sie ihm mit Achtung und Wertschätzung. In Gesprächen mit ehemaligen Zeugen-Jehovas-Kindern berichteten diese von verschiedenen Erfahrungen:

Lotte erzählte, dass sie das Verhalten einiger Lehrer als sehr unangenehm empfand. Eine Lehrerin habe sie immer wieder bemitleidet. Ein anderer Lehrer habe abfällige und spöttische Kommentare gemacht. Ein weiteres Mädchen berichtete, wie unangenehm es ihr gewesen sei, als der Lehrer ihre Religion vor der Klasse thematisierte. Danach habe sie sich als Außenseiterin und Sonderling gefühlt.

Hier wird deutlich, dass auch gut gemeintes Verhalten in manchen Fällen das Ziel verfehlt. Kinder, die sich mit dem Glauben ihrer Eltern identifizieren, verstehen nicht, weshalb sie deswegen bemitleidet werden, dies erzeugt Irritation und wirkt bisweilen isolationsverstärkend.

Aufgabe von Pädagoginnen und Pädagogen ist es in solchen Fällen, Brücken zu bauen. Wenn Kinder beispielsweise an bestimmten Aktionen aus Glaubensgründen nicht teilnehmen wollen, können sie helfen, dies zu erklären, oder sie können Aktionen entsprechend umgestalten. Heterogenität kann so für alle Schüler zu einer positiven Lernerfahrung werden.

Das Kind lehnt den elterlichen Glauben/die Gruppe ab: Deborah (15 Jahre) wuchs in einer strengreligiösen Gruppe auf und möchte diese nun verlassen. Sie hat sich in einen Jungen aus der Klasse verliebt und vertrauensvoll an die Klassenlehrerin gewandt. Diese wiederum hat mit unserer Beratungsstelle (ZEBRA/BW) Kontakt aufgenommen, weil sie verunsichert ist.

Schwierigkeiten ergeben sich, wenn das Kind den Glauben seiner Eltern nicht vollständig bzw. gar nicht teilt, von den Eltern jedoch verlangt wird, dass es sich an die Regeln hält und weiterhin Teil der Gruppierung sein soll. Oder wenn deutlich wird, dass das Kind durch die Erzeugung von Ängsten zum »rechten Glauben« bewogen werden soll.

Ab wann handelt es sich um unterlassene Hilfeleistung, wenn Sie nicht helfen und nur zusehen? Und was können Sie in Ihrer Rolle überhaupt ausrichten? Spätestens dann sollten Sie aktiv werden, wenn sich das Kind mit Problemen an Sie wendet, um Rat oder Hilfe fragt und natürlich, wenn eine Kindeswohlgefährdung droht. Holen Sie sich Unterstützung ins Boot.

Am wichtigsten ist das Gespräch mit den Beteiligten. Aber gleichzeitig sollten Sie auch Ihre eigenen Grenzen kennen und nach Möglichkeit andere Stellen hinzuziehen oder schulinterne Kapazitäten anzapfen. Ein Loslösungsprozess ist meist langwierig und erfordert oft auch psychologische Unterstützung (siehe dazu ausführlicher das Kapitel »Filterblasenkinder in der Beratung bzw. Therapie«).

Rolle des Pädagogen oder der Pädagogin

Lernerfolg hat eine ganz Menge mit Beziehungsarbeit zu tun. Schülern Toleranz, Integrationsfähigkeit und Dialogfähigkeit zu lehren, braucht eine gute Beziehungsbasis. Schülerinnen und Schüler benötigen Identifikationsfiguren und Vorbilder. Fragen Sie sich einmal:
- Welcher Lehrer war ein Vorbild für Sie?
- Warum?
- Was hat diese Lehrerin anders gemacht als ihre Kollegen?
- Was haben Sie von diesem Lehrer gelernt?

Wenn Ihre Schülerinnen und Schüler Sie mögen, dann werden Sie auch eine Vorbildfunktion einnehmen. Leben Sie Ihren Schülern vor, wie gelebte Integration funktioniert. Damit ist viel getan.

Doch Systeme haben bisweilen die Eigenschaft, sich nicht steuern zu lassen. Manchmal entstehen in Klassen Dynamiken, die wir nicht sehen, begreifen und geschweige denn steuern können. Es kommt vor, dass Schüler aus dem Blick geraten – Beziehungsaufbau ist keine Einbahnstraße.

»Jetzt gab es erst neulich einen neuen Lehrplan. Und neue Bestimmungen. Und dann Corona. Wir Lehrer sind immer diejenigen, die es richten müssen, was gesamtgesellschaftlich kaputt ist. Zuerst einmal wird der Blick auf die Schule gerichtet, es werden neue pädagogische Konzepte entworfen und unsere To-do-Liste wird noch länger«, beklagte sich eine Lehrerin in einem Workshop. Sie erhielt nickende Zustimmung und allgemeinen Beifall.

Und sie hat recht. Lehrerinnen und Lehrer sind heutzutage geforderter denn je, mit zahllosen Anforderungen und Wünschen konfrontiert, ständig am Rande der Überforderung – mit Kindern, die ganz neue Themen ins Klassenzimmer tragen, mit Eltern, die eine immense Erwartungsmentalität an den Tag legen usw. Sie sollen den Schülerinnen und Schülern Wissen und Fertigkeiten vermitteln und neuerdings auch noch soziale Defizite auffangen, soziales Lernen begünstigen.

Seien Sie gnädig mit sich selbst. Der Lehrerjob ist herausfordernd, bringt an Grenzen, über Grenzen, verurteilen Sie sich nicht dafür, dass Sie sich nicht immer lehrbuchartig verhalten. Geben Sie sich selbst Mitgefühl und Wertschätzung für das, was Sie täglich leisten. Freuen Sie sich an dem, was Sie gut hinbekommen. Denn nur wenn Sie sich selbst dieses Mitgefühl geben, diese Achtung vor sich selbst bewahren trotz pädagogischer Fauxpas und Überforderungen, kann es gelingen, auch Mitgefühl, Achtung und Liebe für die Kinder zu entwickeln, die einen bisweilen zur Weißglut treiben können.

! ZUM INNEHALTEN – FRAGEN SIE SICH MAL ...

- Mit welcher Vision sind Sie Lehrer oder Lehrerin geworden?
- Was war Ihre Motivation, in diesen Beruf zu gehen?
- Welche Träume sind geplatzt?
- Welche Wünsche wurden von der Realität überholt?
- Welche gesellschaftlichen Probleme spiegeln sich auch in Ihrem Klassenzimmer wider?
- Wie fühlen Sie sich, wenn Sie an Ihre Klasse denken?
- Wann haben Sie sich zuletzt über Ihren Beruf gefreut?
- Wann haben Sie zuletzt mit Ihren Schülern gelacht?
- Wann haben Sie zuletzt über sich selbst gelacht?
- Woran werden sich Ihre Schülerinnen und Schüler in zehn Jahren erinnern, wenn sie an Sie denken?

Manchmal wecken Schülerinnen und Schüler aus geschlossenen religiösen Gruppierungen in uns Mitleid. Eine Lehrerin berichtet: »Anna darf nichts. Ihr ist so viel verboten. Es tut mir so leid für sie.« Allerdings ist Anna in der Gruppe gut integriert, hat zwar in der Klasse wenig Freunde, aber in ihrer eigenen Gruppe ist sie beliebt und trifft sich auch regelmäßig mit anderen Kindern. Sie scheint mit der Situation zufrieden zu sein. Das Aufwachsen in einer geschlossenen Gruppe ist nicht per se schädlich.

Wenn Kinder aus fremden kulturellen und religiösen Systemen das Klassenzimmer bereichern, dann legen wir meist den eigenen Maßstab an. Wir können uns kaum vorstellen, dass ein Jugendlicher freiwillig auf bestimmte Dinge verzichtet, wir verstehen die innere Logik, die Familiendynamiken nicht immer und bemitleiden aus diesem Unverständnis heraus. Doch vielleicht braucht es nicht immer Mitleid, sondern teils auch Akzeptanz und Neugierde?

Elterngespräche führen

Die Schnittstelle Elternhaus/Schule birgt einiges an Konfliktpotenzial. Insbesondere bei der religiösen Erziehung können solche Konflikte an Schärfe gewinnen. Um dem vorzubeugen, ist es wichtig, einige Situationen präventiv zu regeln und in gutem Kontakt mit Eltern und Kind zu bleiben. Doch bisweilen genügt dies nicht. Nicht immer lassen sich gemeinsam sinnvolle Lösungen finden, bisweilen droht Kindeswohlgefährdung. Wenn Grenzen des Verhandelbaren erreicht sind, müssen andere Wege gegangen werden. Manche Fälle landen vor Gericht, in anderen Fällen ist es notwendig, das Jugendamt oder die Polizei hinzuzuziehen. Oft sind Pädagoginnen und Pädagogen verunsichert, wenn es zu solchen Situationen kommt. Hier ist dringend kollegiale Beratung und Rücksprache mit der Leitung anzuraten. Weiter oben wurden bereits einige Fälle aufgegriffen, die im Schulalltag immer wieder für Unsicherheiten sorgen.

An erster Stelle sollte in schwierigen Situationen das Gespräch stehen. Wenn Sie irritiert sind wegen eines bestimmten Verhaltens, stellen Sie Fragen und suchen Sie das Gespräch. Zur Vorbereitung ist es wichtig, dass Sie sich selbst ein klares Ziel formulieren und ein angenehmes Setting schaffen. Manchmal können bereits einfache

Maßnahmen, wie eine Tasse Tee oder ein paar Kekse, für eine wohlwollende Atmosphäre sorgen.

> **ELTERNGESPRÄCHE FÜHREN**
> - Worum geht es? (Zentrales Anliegen sollte das Wohlergehen des Kindes/die Integration des Kindes sein.)
> - Arbeiten Sie Gemeinsamkeiten heraus. Vermutlich haben Sie dasselbe Ziel wie auch die Eltern des Kindes. Sie beide wollen das Bestmögliche für das Kind. Vielleicht gibt es unterschiedliche Auffassungen darüber, was das Beste ist. Verdeutlichen Sie zunächst diesen gemeinsamen Wunsch.
> - Benennen Sie konkrete Situationen, die Ihnen Sorge/Ärger/Verdruss bereiten. Vermeiden Sie Verallgemeinerungen. Schildern Sie Ihre Beobachtungen der Situation möglichst neutral und zunächst ohne Interpretation.
> - Achten Sie darauf, Interpretation und Beobachtung nicht zu vermischen.
> - Stellen Sie Rückfragen zur Situation/Beobachtung. Vielleicht gibt es seitens der Eltern nützliche Hintergrundinformationen.
> - Überlegen Sie einen konkreten Wunsch/Bitte/Lösungsvorschlag an die Eltern.
> - Seien Sie offen für Lösungsvorschläge der Eltern.
> - Vergegenwärtigen Sie sich immer wieder, um wen es in dem Gespräch zentral geht. Manche Pädagogen stellen auch einen Stuhl hin für das nicht anwesende Kind.
> - Lassen Sie sich nicht in Diskussionen über Meinungen oder Glaubensüberzeugungen verwickeln. Machen Sie den Eltern deutlich, dass Sie die Meinungs- und Glaubensfreiheit respektieren, dieses Gespräch jedoch ein anderes Ziel verfolgt.
> - Halten Sie Ihre privaten Überzeugungen und Meinungen aus dem Gespräch heraus.
> - Beobachten Sie sich selbst: An welchen Stellen ärgern Sie sich, welche Gefühle kommen da hoch? Warum? Achten Sie auf Ihre persönlichen Grenzen.

Positive Gruppenerfahrungen im Klassenzimmer

Gerade in fundamentalistischen und stark geschlossenen Gruppierungen wird Kindern gelehrt, die Welt draußen, und damit auch die Schule, sei böse und verdorben. Nun erfolgt für diese Kinder in der Schule ein Erstkontakt mit der »bösen« Welt. Werden sich die Vorurteile bestätigen, weil ein Kind beispielsweise die Erfahrung macht, ausgeschlossen zu sein, oder werden die Vorurteile aufgelöst und durch neue Perspektiven eröffnet?

Als Pädagogin oder Pädagoge haben Sie diesen Prozess nur teilweise in der Hand. Gruppenprozesse lassen sich nur bedingt steuern. Sie können aber einen guten Nährboden bereiten für positive Erfahrungen, Begegnungsräume schaffen, Angebote machen und Türen öffnen.

Wie gelingt es, solch einen Nährboden für gute Erfahrungen zu bereiten? Oben thematisierten wir bereits die Wichtigkeit Ihrer eigenen inneren Haltung. Daneben gibt es natürlich viele weitere Elemente, die für gelingende Gruppenerfahrungen günstig sind. Schaffen Sie im Rahmen Ihrer Möglichkeiten Begegnungsräume.

> **BEGEGNUNGSRÄUME SCHAFFEN**
> - Begegnung kann in verschiedenen Sozialformen stattfinden, geben Sie Gelegenheiten für Partner- und Gruppenarbeiten, ermöglichen Sie hier eine gute Durchmischung.
> - Sitzordnung: Durchmischen Sie regelmäßig die Sitzordnung, sodass die Kinder immer wieder mit neuen Sitznachbarn konfrontiert sind.
> - Rituale: Führen Sie regelmäßige Gruppenrituale ein. Dies können z. B. eine Klassenlehrerstunde sein, ein monatliches Frühstück, Lieder singen.
> - Außerunterrichtliche Aufgaben: Stellen Sie Aufgaben, bei welchen sich die Kinder auch außerhalb des Unterrichts treffen – so fördern Sie die Kontaktpflege.
> - Patenschaften mit älteren Schülern herstellen.
> - Gemeinschaftsstiftende Projekte: z. B. Schulgarten, Gestaltung der Räume, Klassenzeitung.

- Außerunterrichtliche Unternehmungen: z. B. Theaterbesuche, Ausflüge.
- Feiern veranstalten und eventuell auch gemeinsam organisieren.

Sie merken hier wahrscheinlich, dass Sie bereits jede Menge tun, was dazu beiträgt, positive Gemeinschaftserlebnisse zu fördern. Und wahrscheinlich fallen Ihnen noch viel mehr Aktionen ein. Das Rad muss also nicht neu erfunden werden. Es geht uns hier lediglich darum, die Wichtigkeit solcher Aspekte des Schulalltags ins Bewusstsein zu rücken. Denn neben den didaktischen Aspekten, die durch solche Aktionen verfolgt werden, haben diese die erfreuliche Nebenwirkung, zu positiven Gruppenerfahrungen beizutragen und ein anderes Bild der Welt zu vermitteln.

Filterblasenkinder in der Familie und im Freundeskreis

Bereits mehrfach haben wir Beispiele aufgegriffen von besorgten Großeltern, Freunden und Verwandten, die mitverfolgen, wie Kinder in Filterblasen aufwachsen, und ohnmächtig danebenstehen. Zudem können sich in innerfamiliären Dynamiken auch partnerschaftliche Zerwürfnisse ergeben, und ein Elternteil ist besorgt, weil der andere Elternteil in eine weltanschauliche Filterblase abtaucht und das Kind mit hineingezogen werden könnte. Und zuletzt machen sich manche Eltern Sorgen, weil ihr Kind neuerdings in eine Filterblase geraten ist, sich einer Gruppe angeschlossen hat und der Kontakt zunehmend schwierig wird. Gleich vorneweg: Ein einfaches Rezept und eine einfache Lösung oder Verhaltensanweisungen für solche Situationen gibt es nicht.

Tipps für Angehörige

Oft sind Angehörige alarmiert, wenn sich ihre Lieben einer fragwürdigen religiösen Gruppierung anschließen. Gerade die Anfangsphase ist meist sehr herausfordernd und anstrengend für das Umfeld. Der Betreffende ist enthusiastisch, kaum offen für Kritik und geht manchmal allen anderen schrecklich auf die Nerven mit seiner Begeisterung für die Gruppierung. Meist haben Betreffende in dieser Phase den Wunsch, Nahestehende von ihrer »Neuentdeckung« zu überzeugen und ihre Begeisterung zu teilen. Gespräche drehen sich fast nur noch um die Gruppierung und erste Konflikte entstehen dadurch. Der Betreffende fühlt sich unverstanden oder verurteilt. Was können Angehörige tun?

Der vielleicht wichtigste Ratschlag klingt lapidar: Halten Sie Kontakt. Dies bestätigen uns Familien, die gut durch solche Krisen geschifft sind, und Aussteigende selbst. Im Folgenden haben wir eine kurze »Erste-Hilfe-Liste« zusammengestellt, die Ihnen ein Leitfaden im Umgang mit Menschen in Filterblasen sein kann.

ERSTE-HILFE-MASSNAHMEN FÜR ANGEHÖRIGE

- Kontakt halten;
- gezielt auch Gesprächsthemen wählen, die nichts mit der Gruppierung zu tun haben;
- gezielt zu Aktivitäten einladen, die Verbindung schaffen;
- die Gesprächszeit, die der Gruppierung gewidmet wird, limitieren;
- Vorwürfe und Konfrontationen vermeiden;
- statt einer Verurteilung den Versuch unternehmen, die Beweggründe zu verstehen, die den Betreffenden an der Gruppierung faszinieren;
- auch positive Entwicklungen sehen und wertschätzen;
- Kritik nur dann formulieren, wenn entsprechend auch Lob und Wertschätzung geäußert werden;
- keine ungefragte Hilfe aufdrängen;
- ein vertrauensvolles Verhältnis anbieten und fördern;
- keine finanzielle Unterstützung an die religiöse Gruppierung leisten;
- das Selbstwertgefühl stärken;
- Stärken und nicht Schwächen des Betreffenden betonen;
- Alternativen aufzeigen;
- die Religions- und Entscheidungsfreiheit des Einzelnen respektieren.

Jugendliche auf weltanschaulichen Abwegen?
Nicht immer werden Kinder und Jugendliche in eine religiöse Gruppierung hineingeboren. Manchmal entscheiden sie sich auch selbst zu einem späteren Zeitpunkt und völlig eigenmächtig für eine bestimmte Gruppierung. Gerade in den 1970er- und 1980er-Jahren machten die sogenannten Jugendsekten Schlagzeilen, weil Kinder aus traditionellen Elternhäusern nun plötzlich eigene religiöse Wege gingen und die diversen neureligiösen Bewegungen für sich entdeckten. Doch auch heute kann ein plötzlicher Glaubens- und Gesinnungswandel beunruhigen und beängstigend auf Eltern wirken, wie die folgende Anfrage zeigt:

»Ich mach mir Sorgen um meine Tochter. Sie geht neuerdings in so eine christliche Gruppe und redet nur noch von Gott. Muss ich mir Sorgen machen? Wir haben sie ganz normal erzogen, katholisch, aber eben nicht so, dass wir ständig in die Kirche sind. Und nun hab ich den Eindruck, sie hat sich regelrecht radikalisiert. Was soll ich tun?«

In diesem Fall hat die Tochter eine evangelikale Gruppe für sich entdeckt, ging auf regelmäßige Lobpreisabende und zog in Erwägung, nach dem Abitur erst mal eine einjährige Bibelschule zu besuchen. Dies befremdete die Eltern sehr. Sie fürchteten, dass die Tochter wichtige Werte vernachlässigen könnte, sich statt um eine universitäre nur noch um eine biblische Bildung kümmern würde usw. Eltern stellt dies vor die Herausforderung, zunächst die religiöse Entscheidung ihrer Kinder zu akzeptieren und dennoch bei kritischen Entwicklungen adäquat zu reagieren. Oftmals empfinden Eltern es als Angriff, wenn der bisherige gemeinsame Wert- und Normkonsens infrage gestellt wird sowie andere Orientierungsfiguren und Autoritäten im Leben ihrer Kinder Bedeutung erlangen.

Wie erkennen Sie als Eltern, wann Ihr Kind möglicherweise auf weltanschauliche Abwege geraten ist? Meist ist dies nicht eindeutig. Es ist ein Balanceakt, gelassen und wachsam zu bleiben. Nicht zu viel, aber auch nicht zu wenig zu unternehmen. An den richtigen Stellen hin- und an anderen vielleicht auch mal wegzuschauen. Deswegen sind die folgenden Fragen lediglich eine Sensibilisierungshilfe und können helfen, zu sortieren und das Verhalten des Kindes besser einzuordnen. An erster Stelle sollte jedoch immer die Beziehung zum Kind stehen. Suchen Sie miteinander das Gespräch, begegnen Sie dem Kind mit Respekt, Interesse und Wertschätzung.

> **FRAGEN NACH EINEM NEUEN GLAUBEN DES KINDES UND VERHALTENSTIPPS FÜR ELTERN**
>
> - Geht Ihr Kind zu regelmäßigen Terminen von Ihnen unbekannten Veranstaltern? Dann nehmen Sie sich Zeit, genauer hinzusehen, und holen Sie sich ggf. Informationen über den Anbieter.
> - Gibt es seitens der Schule oder von anderen Personen Rückmeldungen, dass sich das Kind in weltanschaulicher Hinsicht stark verändert hat? Ist Ihr Kind evtl. durch fragwürdige Äußerungen aufgefallen? Wenn Sie diese Frage mit Ja beantworten, nehmen Sie sich Zeit für ein Gespräch. Versuchen Sie, Vertrauen aufzubauen und hinzuhören. Vermitteln Sie Ihrem Kind, dass es bei Ihnen über seine neuen Weltanschauungen sprechen darf, ohne verurteilt oder diszipliniert zu werden.
> - Schottet sich Ihr Kind stark ab und möchte nicht, dass Sie wissen, zu welchen Veranstaltungen es geht? Falls ja: Zeigen Sie Interesse und fragen Sie, ob Sie das Kind abholen oder bringen dürfen, bieten Sie an, mal mitzukommen, signalisieren Sie Interesse und halten Sie sich mit Kritik zurück.
> - Haben sich wichtige Ansichten und Meinungen Ihres Kindes verändert? Spricht es darüber? Falls ja: Haken Sie nach und fragen Sie nach den Gründen für die Meinung.
> - Hat Ihr Kind ein neues Idol? Jemand, den es auf einen Sockel stellt? Vorbilder können zu Identifikationsfiguren werden. Zeigen Sie auch hier Interesse.
> - Wie geht Ihr Kind mit Kritik um? Wie gehen Sie mit Kritik um?
> - Gibt es Irritationen, weil Ihr Kind in dem, was es äußert, fremd wirkt? Woran merken Sie das?
> - Praktiziert Ihr Kind religiöse Rituale oder Übungen? Auch das ist grundsätzlich differenziert zu sehen.

- Gab es äußerliche Veränderungen? (anderer Kleidungsstil usw.). Dies ist meist ein Punkt, an dem ein radikaler religiöser Gesinnungswechsel auch für das Umfeld sichtbar wird.

Wenn Sie nun feststellen: Ja, mein Kind ist in eine Filterblase geraten, dann steht immer noch die Frage offen: Was tun? Der erste Impuls vieler Eltern ist es, Verbote und Sanktionen auszusprechen. Dies führt in der Regel nicht zum gewünschten Erfolg, sondern belastet meist das Verhältnis enorm und kann auch eine paradoxe Wirkung entfalten: Der Jugendliche wird dadurch regelrecht in die Arme der Gruppierung getrieben. Die Gruppe bietet Annahme und Geborgenheit, fängt den Jugendlichen auf, Mitglieder verstehen den Spannungszustand mit den Eltern. Dies kann zu einer weiteren Entfremdung beitragen und im schlimmsten Fall sogar eine Bestätigung liefern für die von manchen Gruppierungen propagierte »böse Außenwelt«.

Trotzdem möchte man auch nicht untätig zusehen und den Dingen einfach ihren Lauf lassen. Wie schon erwähnt, sollte das Gespräch an erster Stelle stehen. Miteinander im Dialog zu bleiben, Interesse zu zeigen und Wertschätzung zu signalisieren, hilft. Gleichzeitig kann es auch nützlich sein, sich in solchen Situationen eine professionelle Beratung zu holen. Auch hilft es, zu verstehen, welche Phasen junge Menschen durchlaufen, wenn sie sich einer Gruppe anschließen. Der Enthusiasmus hält meist nicht ewig vor, sondern irgendwann tritt auch hier eine Phase der Ernüchterung ein, die rosarote Brille, mit welcher die Gruppe gesehen wurde, wird abgelegt, erste interne Zerwürfnisse und Reibereien ergeben sich, und der junge Mensch stellt fest: Auch in der Gruppe ist nicht alles Gold, was glänzt. In dieser Differenzierungsphase ist es nützlich, wenn noch Kontakte bestehen, wenn ein Vertrauensverhältnis aufrechterhalten wurde, sodass der Jugendliche Raum hat, vielleicht auch im Gespräch mit Ihnen, seinen eigenen Standpunkt gegenüber der Gruppierung zu entdecken.

Paare und Familien zwischen den Welten

Im Zuge der Pandemie hat sich das Ehepaar Meier auseinandergelebt. Herr Meier glaubt, dass eine große Verschwörung hinter den Maßnahmen steckt, Frau Meier sieht dies anders. Nun ist es zu einem regelrechten Tauziehen um die Kinder gekommen. Jeder möchte sie schützen: Herr Meier vor den vermeintlich gefährlichen Impfungen, Frau Meier vor der vermeintlich gefährlichen Erkrankung. Kommunikation ist kaum mehr möglich, und die Kinder leiden zunehmend unter dem Spannungszustand.

Dieser Fall ist gewissermaßen prototypisch: Paare oder Expartner konfrontieren sich immer wieder gegenseitig mit dem Vorwurf, der jeweils andere ziehe die Kinder in die eigene Filterblase. Und manchmal kommt es tatsächlich zu einem wahren Tauziehen um die Kinder, jeder möchte dem Sprössling gerne die Geborgenheit der eigenen Filterblase angedeihen lassen. Deshalb widmen wir uns hier explizit der Situation, wenn Erziehungsberechtigte unterschiedliche weltanschauliche Meinungen vertreten.

Mehrere Monate lang begleiteten wir in der Beratungsstelle ZEBRA unzählige Paare, die feststeckten in Meinungsverschiedenheiten, nicht selten ausgelöst durch die leidige Coronadebatte. Die Auswirkung von Entfremdung wurde nicht nur auf gesellschaftlicher Ebene, sondern auch in den alltäglichen Begegnungen spürbar. Die Menschen berichteten uns von Kontaktabbrüchen, Streitereien und immer größer werdenden Gräben aufgrund verschiedener Weltanschauungen. Besonders drastisch zeigte sich dies in den innerfamiliären Zerwürfnissen. Denn je näher uns eine Person steht, desto schwieriger ist es für uns mitunter, zu ertragen, dass diese in weltanschaulicher Hinsicht eine ganz andere Position einnimmt als wir selbst. Gerade dann, wenn Partner, Eltern oder Geschwister oder auch die eigenen Kinder eine entgegengesetzte Meinung vertreten, wird es schwierig, diese so stehen zu lassen. Nicht selten kommt es dadurch zur Zerreißprobe für Beziehungen und Familien (Pohl u. Dichtel, 2021). Ähnlich gestaltet sich die Situation, wenn es um differierende Glaubensüberzeugungen geht. Meist steht hier der Vorwurf im Raum, der eine Partner ziehe das Kind in seine eigene weltanschauliche Filterblase.

Auch Herr und Frau Ullrich kommen in unsere Beratungsstelle, weil es Konflikte gibt. Herr Ullrich besucht seit einigen Wochen eine Glaubensgruppierung, von der Frau Ullrich behauptet, es handele sich um eine

Sekte. Der Gatte sei wie gehirngewaschen, verbringe kaum noch Zeit mit ihr und spende Unsummen an die Gruppe. Vorher habe es in der Ehe nie Probleme gegeben. Frau Ullrich möchte, dass ihr Mann nicht mehr in die Glaubensgruppe geht. Herr Ullrich hingegen berichtet, wie ihm die Gruppe helfe, mit wichtigen Lebensfragen umzugehen, dass er dort Gleichgesinnte treffe und »gut auftanken« könne. Die Kinder der beiden sind Teenager und gehen zunehmend ihrer eigenen Wege. Frau Ullrich allerdings befürchtet, dass ihr Gatte den Kindern seine religiösen Überzeugungen überstülpen könne. Hier haben wir es nicht mit klassischen »Filterblasenkindern« zu tun, sondern mit der Angst, dass die Kinder zu solchen werden könnten.

An beiden Beispielen zeigt sich: Veränderungen in Meinungs- und Glaubensfragen ziehen Konsequenzen auf der Paarebene nach sich und können das gesamte Familiengefüge erschüttern. Gerade dann, wenn nur einer sich verändert.

Harmonischer geht es normalerweise dagegen zu, wenn sich beide Partner in die gleiche Richtung verändern.

Frau Schuster beispielsweise berichtet: »Ich bin in einer Krise in eine christliche Gruppe gegangen. Das tat mir sehr gut. Mein Mann hatte mit Glauben nie was am Hut. Nach anfänglicher Skepsis ging er mit und ist heute begeisterter denn je. Er wurde mit offenen Armen aufgenommen. Wir haben so viele neuen Impulse, Freunde und Kontakte durch die Gruppe bekommen. Das hat auch unserer Ehe neuen Schwung gegeben. Auch unsere Kinder fühlen sich sehr wohl in der Gruppe.« Entscheidend war in diesem Fall, dass sich beide gemeinsam auf das neue Glaubenskonzept eingelassen haben. Dies kann durchaus stärkende Effekte auf der Paarebene begünstigen.

Allerdings dreht sich die Medaille, wenn einer von beiden aus einer Gruppierung austritt.

Im Fall Huber entschloss sich Frau Huber nach zwanzig Jahren, nicht mehr in der Gruppierung bleiben zu wollen. Dies erschütterte die Ehe zutiefst. Das Ehepaar ließ sich wenige Monate später scheiden. Nun streiten beide erbittert darum, in welchem Glauben die gemeinsamen

Kinder weiter erzogen werden sollen. Frau Huber möchte unbedingt auch die Kinder aus der Gruppe lösen, weil sie für sich einen Erkenntnisprozess durchlaufen hat und die Gruppierung als schädlich und indoktrinierend bezeichnet. Die Kinder jedoch fühlen sich darin weiterhin wohl, haben dort Freunde und wollen die Gruppierung nicht verlassen.

Konflikte in Familienbeziehungen haben meist multifaktorielle Ursachen. Hier ist es sinnvoll, sich Zeit zu nehmen und die Ursachen für Unzufriedenheit und familiäre Konflikte möglichst unter verschiedenen Gesichtspunkten zu betrachten. Ist wirklich nur die neue Gesinnung oder Gruppierung schuld? Einen Sündenbock zu benennen, kann entlasten. Dies wurde bereits in anderen Kontexten deutlich. In manchen Beratungen zeigt sich, dass Partner bisweilen dazu tendieren, Konfliktursachen zu externalisieren. »Zwischen uns war immer alles gut, bis er in diese Gruppe ging«, ist ein Satz, den wir häufig hören. Einerseits haben Gruppierungen und differierende Meinungs- und Glaubensüberzeugungen Auswirkungen auf Familiensysteme, andererseits hören wir vom anderen Partner oft, dass es seiner Ansicht nach bereits schon vorher Konflikte oder Unzufriedenheiten gab. Es ist deshalb wichtig, die Wirklichkeitsbeschreibung aller Familienmitglieder zu berücksichtigen und nicht vorschnell auf die Sündenbock-Hypothese aufzuspringen. Denn gerade dann, wenn deutlich wird, dass es schon vor der neuen Weltanschauung Probleme gab, ergeben sich wieder Handlungsmöglichkeiten. Sich einer übermächtigen, manipulativen Gruppierung gegenüber zu wissen, versetzt den Partner in Ohnmacht und verringert die Sicht auf Lösungen und Handlungsstrategien.

Selbst wenn wir die Glaubensüberzeugungen des Gegenübers nicht nachvollziehen können, so kann es doch gelingen, die emotionalen Gründe, die zu der einen oder anderen Glaubensentscheidung geführt haben, zu erkunden und zu verstehen. Am besten gelingt es, den anderen zu verstehen, wenn wir Fragen stellen und uns Zeit nehmen, zuzuhören. Allerdings braucht es dazu zunächst auch eine gute Selbstfürsorge. Denn wenn wir uns vom anderen emotional getriggert fühlen, bei bestimmten Schlagworten auf die Palme gehen, dann ist es schwer, innerlich ruhig zu bleiben und den anderen wirklich zu hören.

Im Übrigen macht es Sinn, Verstehen nicht als Einbahnstraße zu sehen, sondern dem anderen auch Einblicke in eigene emotionale Regungen und Gefühlszustände zu geben. »Verständnis bedeutet nicht Zustimmung. Es bezieht sich auf die Bedürfnisse, nicht auf die Taten«, soll Marshall B. Rosenberg einmal gesagt haben.[5] Von Schlippe und Schweitzer schreiben: »Verstehen ist eher die Ausnahme. Missverständnisse sind die Regel« (2016, S. 147). Sich immer wieder gegenseitig einzuladen in die eigene Filterblase und auch den anderen von sich aus in seiner Blase zu besuchen, hilft, dass Verständnis trotz erschwerter Umstände möglich bleibt und Entfremdungsprozesse gestoppt werden.

Jeder Konflikt hat eine Geschichte. Teils kann die Entfremdung durch unterschiedliche Weltsichten verursacht sein. In solchen Fällen hilft es, gezielt Gemeinsamkeit zu suchen und zu fördern. Es ist wichtig, dass Paare und Familien sich in solchen Entfremdungsphasen rückversichern und sich ggf. eine gemeinsame neue Basis schaffen. Nur wenn genügend Gemeinsamkeit gefühlt und erlebt wird, gelingt es, auch mit der Herausforderung von divergierenden Weltanschauungen umzugehen. Suchen Sie sich beispielsweise ein neues Hobby, verbringen Sie bewusst Zeit miteinander und beschränken Sie die Zeit, in welcher Sie sich verbal mit der Gruppierung oder divergierenden Meinungen auseinandersetzen.

Doch, wie so oft, gibt es kein Patentrezept. Paarkonflikte sind sehr unterschiedlich. Bei manchen Paaren stellt sich beispielsweise heraus, dass die gemeinsame Basis brüchig geworden ist und sich dies am Thema »Verschwörungstheorien« bzw. einem Gruppierungsbeitritt oder -austritt zeigt. Dann kann Trennung auch eine Lösung sein. Ein Blick hinter die Kulissen lohnt, denn oft sind Schwierigkeiten im Umgang mit Verschwörungstheorien oder anderen Glaubensüberzeugungen nur ein Symptom für tiefer liegende Probleme

---

5 https://twitter.com/WegezurGFK/status/1326628535142920194

> **! UNTERSCHIEDLICHE MEINUNGEN UND ÜBERZEUGUNGEN GEFÄHRDEN DIE BEZIEHUNG?**
>
> Nützliche Fragen und Gegenstrategien
> - Kommunikationsstrukturen: Wird es laut? Verstummt einer? Wird die Augenhöhe aufrechterhalten?
> - Gibt es frühere Erfahrungen mit Meinungsverschiedenheiten?
> - Gehen Ängste um?
> - Gibt es Verbindendes?
>
> Und was können Sie konkret tun?
> - Ändern Sie das Streitsetting, z. B. durch Hinausgehen oder Verabreden zum Streiten.
> - Weniger sagen, mehr fragen.
> - Tauschen Sie mal die Positionen.
> - In welchen Punkten haben Sie die gleiche Meinung?
> - Vereinbaren Sie Regeln, z. B. Ich-Botschaften, Respekt, Ausredenlassen.

Eigentlich sollte es selbstverständlich sein, dass Kinder nicht in Konflikte zwischen den Eltern einbezogen werden. Theoretisch wissen wir das alle. Praktisch kommt es oft zu einem offenen Tauziehen: Beide Parteien wollen dem Kind den eigenen Glauben angedeihen lassen, das Kind an der eigenen Meinung partizipieren lassen. Nicht mit böser Absicht, sondern aus der tiefen Überzeugung, es richtig zu machen. Wir alle glauben mehr oder weniger stark an die Richtigkeit der eigenen Überzeugung. Es erfordert einiges, in Konflikten mit dem Partner oder der Partnerin einen Schritt zurückzutreten und die Sichtweise der Kinder einzunehmen. Wenn Kinder im Spiel sind, dann wird es umso wichtiger, diese nicht ins Kreuzfeuer zu nehmen. Doch wenn diese Erkenntnis einseitig, nur bei einem Partner, vorhanden ist, dann nützt dies meist nur wenig.

Bedeutet das aber, dem Partner das Feld der Meinungsweitergabe und Glaubenserziehung kampflos zu überlassen, damit der Sprössling eben nicht unter Zerrissenheit leidet?

Gerade Kinder, deren Eltern sich getrennt haben, können mitunter sehr unter den verschiedenen Lebens- und Glaubensentwürfen leiden. »Jedes Mal, wenn Anni von ihrem Vater kommt, muss ich Aufräumarbeit leisten. Und den Konzepten des Vaters entgegenwirken.« Berichtete Annis Mutter. Muss sie das? Vielleicht wäre es auch eine Lösung, der Tochter zu vermitteln, dass es verschiedene Lebensentwürfe und Glaubensüberzeugungen gibt. Dass man zwar die Meinung des Expartners nicht teilt, diesen aber dennoch respektiert. So können Kinder quasi am Modell den Umgang mit verschiedenen Perspektiven lernen. Die Chance, in zwei Welten aufzuwachsen, könnte als Bereicherung empfunden werden – solange es keinen Krieg zwischen den Welten gibt.

Filterblasenkinder in der Beratung bzw. Therapie

Wenn sogenannte Filterblasenkinder Beratung und Therapie suchen, dann stehen sie meist zu Beginn, am Ende oder mitten in ihrem Ausstiegs- und Distanzierungsprozess und merken, dass sie allein nicht weiterkommen. Immer wieder berichten uns junge Menschen, wie hilfreich in dieser Phase eine professionelle therapeutische Unterstützung war, denn die Welt steht bei ihnen in vielerlei Hinsicht Kopf. Es kann zu schwerwiegenden Identitätskrisen kommen, traumatische Erfahrungen können hochkommen, Kontaktabbrüche führen in Lebenskrisen, Ängste auf spiritueller Ebene entstehen usw. Oft schildern die jungen Menschen, dass sie den Eindruck haben, das Gegenüber könne die Auswirkungen der Gruppenzugehörigkeit auf das eigene Leben nur erahnen. Immer wieder hören wir den Satz: »Wer nicht in dieser Gruppe war, kann gar nicht verstehen, was es bedeutet, da auszusteigen.« Hier wird vor allem der Wunsch nach Mitgefühl und Empathie laut, zunächst geht es vielen darum, gesehen und verstanden zu werden.

Die Begleitung von Menschen, die eine Intensivgruppe verlassen haben, ist nicht nur ein Kapitel für sich, sondern würde ein Buch füllen. Deswegen fassen wir hier nur die wichtigsten Aspekte zusammen. Zunächst gilt: Ausstieg ist nicht gleich Ausstieg. Jeder Ausstieg ist individuell, jeder Aussteiger, jede Aussteigerin hat eine eigene Geschichte, eigene Momente, die zum Ausstieg bewogen haben, eigene Ängste, eigene familiäre Hintergründe.

Dennoch gibt es besondere Konstellationen, auf die ein Augenmerk gelegt werden kann. Gerade junge Menschen, die in einer bestimmten Gruppe sozialisiert wurden und sich gegen diese Gruppe entscheiden, durchleben eine besondere Situation. Denn meist bedeutet in diesen Fällen eine Entscheidung gegen die Gruppe auch eine Entscheidung gegen die Familie. Wir wollen deswegen den Schwerpunkt auf die Ausstiegssituation der Filterblasenkinder legen.

Ein Filterblasenkind will aussteigen

Ein Filterblasenkind hat eine biografisch-weltanschauliche Besonderheit – es ist in der elterlichen Bubble groß geworden. Im Gegensatz zu den Eltern haben sich die jungen Menschen in der Regel nicht freiwillig für die Religion bzw. Ideologie und Gemeinschaft entschieden, sondern wurden in diese hineingeboren. Eine Loslösung im Jugend- oder auch Erwachsenalter kann durch solch eine frühe familiäre Sozialisation besonders schwierig werden. Die Entscheidung für eine andere Weltanschauung ist häufig auch gekoppelt an eine Entscheidung gegen die Herkunftsfamilie. In manchen Gruppierungen nämlich steht die Zugehörigkeit zur Gruppe über familiären Bindungen. Es wird in solchen Gruppen Eltern gezielt angeraten, den Kontakt zu den Kindern abzubrechen, sollten diese sich gegen die Gruppierung entscheiden. Das Wissen um diese Form des familiären Beziehungsverlustes hält junge Menschen dann mitunter in einer Gruppierung, welcher sie sich ideologisch schon seit längerer Zeit nicht mehr zugehörig fühlen.

Ein Ausstieg gelingt dann meist erst, wenn ohnehin eine räumliche Veränderung ansteht, wie beispielsweise in Tinas Fall:

»Ich wollte schon ewig nicht mehr dabei sein, aber ich wusste, dass meine Eltern dies nicht tolerieren würden. Und so ging ich brav weiter zu den Veranstaltungen. Aber innerlich war ich weit weg. Ich plante meinen Auszug, suchte mir eine Lehrstelle in einer anderen Stadt. Erst als ich dort angekommen bin, hab ich begonnen, mich von der Gruppe zu lösen. Meine Eltern wollten mich nicht gehen lassen, ich musste mir

Ausbildungshilfe organisieren, musste mich um alles selbst kümmern. Ihnen sagte ich, dass ich in der anderen Stadt in die Versammlung gehe, dies war aber nicht der Fall.« Tina brach den Kontakt zur Familie weitestgehend ab, sie reagierte nicht mehr auf Anrufe und stellte die Besuche bei der Familie ein. Vier Jahre später stieg auch ihre Schwester aus und suchte Zuflucht bei ihr.

Gerade dann, wenn die jungen Menschen bereits spüren, dass sie nicht mehr in der Gruppe bleiben möchten, aber noch keine Möglichkeit haben, sich zu lösen, kann dies zu innerer Zerrissenheit führen. Kinder leben dann im wahrsten Sinne des Wortes »zwischen den Welten« und sind ständig damit beschäftigt, für sich selbst auszubalancieren, welchen Erwartungen sie in welcher Welt entsprechen müssen und wie sie möglichst Konflikte zwischen den Welten minimieren und vermeiden. So schildern einige Jugendliche, dass sie ein »Doppelleben« führen. Sie verstecken die eine Welt vor der anderen, schämen sich, in der Familie von ihrem Leben draußen zu berichten, da sie um die Werteurteile der Eltern Bescheid wissen, und schämen sich vor ihren Freunden, von dem strenggläubigen Elternhaus zu berichten. Meist ist ein Doppelleben nur eine vorübergehende Lösung und ermöglicht es, ohne sofortige Entscheidung Kontakte in eine andere Welt zu knüpfen.

Kommt es zu einem endgültigen Bruch, geht diesem meist eine Zeit des Doppellebens voraus, die irgendwann jedoch für den Jugendlichen zu spannungsreich wird. Manchmal kann auch die Liebe ein Auslöser sein, sich zu lösen.

Selten erleben junge Menschen ihre Herkunftsfamilie rein defizitär, sondern oft fällt es schwer, sich gegen den elterlichen Glauben zu stellen, da auch positive Erfahrungen in der Gruppierung und Familie gesammelt werden. Die Motivationslagen sind hier sehr verschieden: Manche Jugendliche haben Angst vor der Reaktion der Eltern, vor einem Ausschluss oder Rausschmiss, andere haben Sorge, ihre Eltern zu verletzen, und bleiben den Eltern zuliebe. Wieder andere sind sich unsicher und leiden unter Gewissenskonflikten, weil sie befürchten, es sich mit einer höheren Entität zu verscherzen (gerade wenn sie recht früh mit einem strafenden und negativen Gottesbild konfrontiert wurden).

Der Entscheidungsfindungsprozess braucht zunächst Zeit und idealerweise auch neutrale und unvoreingenommene Zuhörer. Günstig ist es, wenn Betroffene Unterstützung beim Sortieren erfahren, aber in ihrem Tempo, ohne Beeinflussung von außen selbst wählen können, ob und wann sie sich distanzieren wollen.

Die Pubertät ist ohnehin eine stürmische Zeit im Leben vieler jungen Menschen, es findet auch unter normalen Umständen eine Lösung vom Elternhaus statt. Dieser Loslösungsprozess erfolgt im Fall von Filterblasen sozusagen unter einem Brennglas – dies bedeutet: Konflikte können sich immens verschärfen und zuspitzen.

Dieter Rohmann schreibt: »Denn an erster Stelle stand für die Eltern immer ihr Gott, der Guru, die Ideologie, die Mission, viele Regeln und ein hohes Maß an Gehorsam. Was AussteigerInnen aus totalitären Gruppierungen eint, ist eine langjährige Erfahrung von Manipulation und geistigem Missbrauch durch einen Meister oder die Eltern, das Gefühl von Trauer, teilweise Wut, Enttäuschung, Hilflosigkeit und Orientierungslosigkeit nach dem Ausstieg aus dem einstigen Lebensmittelpunkt des Kultes« (Rohmann, 2021, S. 126 f.). Er nimmt auf die vielfältigen Probleme und Prägungen von Sektenkindern Bezug, beschreibt typische Muster und Konflikte. So haben beispielsweise manche noch Jahre später Schwierigkeiten, mit Lob und Anerkennung umzugehen, viele schildern Fremdheitsgefühle, Unsicherheiten in Bezug auf neue Beziehungen und Freundschaften, Vertrauenskrisen. Gerade bei den Hineingeborenen fehlt ein äußeres Korrektiv, es gibt eben nicht die Zeit vor dem Einstieg, an die man bestenfalls wieder anknüpfen kann. In Anlehnung an Rohmann (2021, S. 137) sollen hier einige nützliche Aspekte gelistet werden, die im Umgang mit Hineingeborenen hilfreich sein können:

! AUSSTIEG VON HINEINGEBORENEN: FRAGEN UND TIPPS
- Wie ist der Ausstieg gelungen? Was war der Initialmoment?
- Welche inneren Ressourcen haben beim Ausstieg geholfen?
- Wie kann es gelingen, vielfältige Perspektiven einzunehmen und nicht das Schwarz-Weiß-Muster zu wiederholen, das in der Gruppe gelernt wurde?

- Wie kann Abgrenzungsfähigkeit trainiert werden?
- Wie kann Konfliktfähigkeit gelernt werden?
- Umgang mit Angst üben;
- Selbstwert und Selbstvertrauen aufbauen;
- Berufsberatung (Welche Bildungs- und Weiterbildungschancen gibt es?);
- Identitätsbildung;
- Wirkmechanismen von Gruppen verstehen lernen;
- Ungehorsam lernen.

Oft stellen sich Jugendliche die Frage, weshalb die eigenen Eltern »ihnen sowas angetan haben«. Allzu verführerisch wäre es nun, die Eltern von Filterblasenkindern zu verurteilen, aber fassen wir uns lieber mal an die eigene Nase. Wir alle leben in unseren Filterblasen, mögen das, was uns ähnlich ist (oder zumindest scheint), tendieren zu sozialer Homophilie, wie es der Experte formulieren würde. Dazu kommt: Wir sind Herdentiere. Gruppenpsychologische Wirkmechanismen zu verstehen, hilft, gnädiger mit den eigenen Eltern zu werden und skeptischer mit sich selbst. Je stärker Eltern in Abhängigkeiten geraten und Gruppendruck wirkt, desto eher kann es zu innerfamiliärer Entfremdung kommen (Pohl u. Dichtel, 2021, S. 50 f.).

Kinder, die in einer geschlossenen religiösen Gruppierung aufgewachsen sind und sich aus dieser lösen wollen, benötigen oft viele Jahre, um wichtige Lebensthemen zu bearbeiten und alte Erfahrungsmuster zu durchbrechen. Nicht immer sind begleitenden Therapeutinnen und Therapeuten der enorme Einfluss und die Prägung durch die Gruppe bewusst. In den oben genannten Fallbeispielen wurde deutlich, wie weit das Spektrum von Auswirkungen sein kann und welch unterschiedliche Themen die »Filterblasenkinder« im Gepäck haben.

Jugendliche, die aussteigen wollen, erleben oft starke Loyalitätskonflikte, sie fühlen sich schuldig und schlecht, weil sie die Religion und die elterlichen Werte »verraten«. Aber sie sehen keine Alternative.

Es gibt nicht den *einen* Fahrplan, der Jugendlichen hilft bei ihrem Ausstieg. Wichtig ist es jedoch, dass dieser Schritt und die Entscheidung dafür aus dem Jugendlichen selbst kommen. Denn fühlt sich ein Jugendlicher wohl in der Geborgenheit der Filterblase, sollte man ihn nicht gegen seinen Willen herauslösen. Der Prozess braucht Zeit. Die Aufarbeitung braucht Zeit.

WAS TUN, WENN SICH EIN JUGENDLICHER IN DER AUSSTIEGSPHASE AN SIE WENDET?

- Raum und Zeit geben,
- Unterstützung beim Aufbau eines neuen Netzwerks,
- Selbstwert stärken,
- Psychoedukation zum Thema »Gruppen«,
- Stärkung der Abgrenzungsfähigkeit,
- Ressourcenorientierung,
- Biografiearbeit.

Ausstieg oder Ausschluss aus einer selbst gewählten Gruppe

Im Gegensatz zu den Hineingeborenen besteht hier eine Zeit vor dem Einstieg, an welche bestenfalls angeknüpft werden kann. Wichtige Themen sind auch hier das Verstehen und Akzeptieren der eigenen Beweggründe, sich der Gruppe anzuschließen. Sich selbst und die eigenen Bedürfnisse kennen und akzeptieren zu lernen, ist gleichzeitig auch eine wichtige Präventionsmaßnahme, um nicht vom Regen in die Traufe zu gelangen.

Es kann vielfältige Gründe für einen Ausstieg geben, angefangen bei persönlichen Konflikten mit anderen Gruppenmitgliedern hin zu ideologischen Gründen oder einschneidenden Einzelerlebnissen, die ein Fortbleiben in der Gruppierung unmöglich machen. Manche Menschen waren jahrelang Mitglied in einer Gruppierung, andere verbrachten nur einige Monate dort. Manche haben noch persönliche Kontakte nach draußen, andere kennen außerhalb der Gruppierung niemanden mehr. Es ist auch zu unterscheiden, ob jemand freiwillig geht oder ob er ausgeschlossen wird. Eine freiwillige Trennung ruft meist andere Gefühle hervor als ein Ausschluss. Ausstieg ist also nicht gleich Ausstieg. Die individuelle Lebens- und Glaubensgeschichte der Klienten und Klientinnen zu kennen, ist eine wichtige Voraussetzung, um Aussteiger und Aussteigerinnen fachlich zu begleiten.

Weiterhin ergeben sich einige zentrale Themen, die unterschiedlich stark ausgeprägt sein können:

Für viele Betroffenen gilt es, einen Umgang mit Einsamkeit zu lernen, da die Geborgenheit der Gruppe wegfällt. Alleinsein zu üben und Alleinsein ggf. auch als positiven Zustand akzeptieren zu lernen, kann hilfreich sein. Gleichzeitig benötigen Betroffene oft auch Unterstützung beim Aufbau neuer Beziehungen.

Es macht einen fundamentalen Unterschied, ob sie ausgeschlossen wurden oder proaktiv gegangen sind. Zwar fehlt die Gruppe in beiden Fällen, doch »verlassen oder verlassen werden« sind zwei Paar Stiefel. Der Selbstwert wird meist noch stärker in Mitleidenschaft gezogen, wenn Menschen ausgeschlossen werden. Schuldgefühle, Gefühle von Unzulänglichkeit, Eifersucht usw. können hier dominieren. Manchmal liegen auch massive Mobbingerfahrungen vor, selten geschieht ein Ausschluss ohne Vorgeschichte.

Gelingt Menschen der Absprung aus freien Stücken, dann kann dies den Selbstwert stärken, man ist zumindest kurzfristig froh, den Absprung geschafft zu haben. Meist werden diese kurzen Glücksmomente jedoch überlagert durch ein Hadern mit der Vergangenheit. Das Gefühl, Zeit verschwendet zu haben, Fehler gemacht zu haben, Reue und ein schlechtes Gewissen den vernachlässigten Familienangehörigen und Freunden gegenüber dominieren. Die Integration dieser Lebensphase in die Biografie stellt eine der größten Herausforderungen dar.

Was kann das Umfeld tun? Versuchen Sie den anderen nicht zu verurteilen, auch Besserwisserei – im Sinne von »Ich hab es dir ja gleich gesagt« – sollte man sich verkneifen. Hören Sie zu, bieten Sie Gespräche an, helfen Sie dabei, den Blick nach vorne zu lenken, und achten Sie dabei auf Ihre persönlichen Grenzen.

Aussteigende haben meist einige besondere Themen im Gepäck. Um nicht gleich vom Regen in die Traufe zu gelangen, hilft es, wenn sich Aussteigende mit ihren eigenen Bedürfnissen, Wünschen und Sehnsüchten auseinandersetzen. Es ist nichts Verwerfliches, zu einer Gruppe gehören zu wollen, sich auch mal unterzuordnen und sich an fremdbestimmte Grenzen und Regeln zu halten. Das ist kein Anzeichen psychischer Instabilität, sondern eine sehr menschliche Neigung. Manchmal allerdings ist es notwendig, eine gewisse Abgrenzungsfähigkeit zu trainieren, damit man besser für sich selbst entscheiden und erkennen kann. Die Frage »Wer bin ich ohne die Gruppe?« kann Menschen umtreiben. Aber auch konkrete Erfahrungen, die in der Gruppe gemacht wurden, wollen eingeordnet und reflektiert werden.

Ein typisches Anliegen von Ratsuchenden, die aus einer Gruppierung ausgestiegen sind, ist der Wunsch, die eigene Erkenntnis über die Gruppenstrukturen mit anderen zu teilen, andere vor ähnlichen Fehlern zu bewahren und zu schützen. Manchmal schwingt auch das Bedürfnis mit, sich zu rächen für Kränkungen, finanzielle Einbußen, die bis zum Ruin gehen können, oder anderweitigen Schaden. Oft besteht eine große Verunsicherung, wie man sich gegenüber der Gruppe verhalten soll. Manchen Aussteigende entscheiden sich dafür, sich in Aussteigergruppen zusammenzutun und ihre Erfahrungen miteinander zu teilen. Dieser Austausch unter Menschen mit ähnlichen Erfahrungen kann gerade in der Anfangszeit stabilisierend wirken, da sich eine neue Bezugsgruppe formiert. Allerdings birgt das auch nachvollziehbare Risiken – es kann sein, dass sich neue Abhängigkeiten aufbauen und eine Gruppe sich stark auf negative Aspekte fokussiert. Die Gefahr ist, dass die Aussteigergruppe sich wiederrum radikalisiert und aus ehemals radikalen Anhängern radikale Feinde der Ursprungsgruppe(n) werden. Ressourcenorientierung und Neutralität zu wahren ist in Aussteigergruppierungen oft eine besondere Herausforderung. Dennoch kann eine solche Gruppe in vielerlei Hinsicht auch Chancen bieten. Gruppenerfahrungen in einer geleiteten Gruppe zu reflektieren, kann helfen, ehemals schwierige Erfahrungsmuster zu durchbrechen und neue positive Erfahrungen mit der Zugehörigkeit zu einer Gruppe zu sammeln.

Wichtig ist es auch, die Phasen einer Trennung zu kennen, da diese sich auch auf die Trennung von Gruppen übertragen lassen. Ähnlich wie bei der Trennung von einem Partner geht es auch bei der Trennung von der Gruppe darum, die Zeit in der Gruppe in die eigene Biografie zu integrieren.

TRENNUNGSPHASEN: UNTERSTÜTZUNGSTIPPS

Akute Trennungsphase:
(typisch: starke Emotionen, aufgewühlt, euphorisch, ängstlich, erleichtert)
- Wertschätzung,
- Stabilisierung,
- Gesprächsangebote,
- Vorwürfe vermeiden,
- alltagspraktische Unterstützung,
- rechtliche Fragen im Blick behalten,
- da sein, erreichbar sein.

Gefühlschaosphase:
(typisch: Orientierungslosigkeit, Unsicherheit, Überforderung, hohe Anfälligkeit, sich einer neuen Gruppe anzuschließen, Idealisierung der Gruppe, Rückfallgefahr)
- Zukunftspläne schmieden,
- Alternativen kennenlernen,
- gemeinsam Neues entdecken,
- praktisches Tun,
- Offenheit für Werte- und Sinnfragen,
- Alltagsstruktur schaffen,
- regelmäßige Treffen mit anderen Gruppen (Sportgruppen o. Ä.),
- keinen Kontakt zur Exgruppe befürworten,
- eine Normalisierung dieser Phase anstreben,
- Abhängigkeiten vorbeugen,
- Substanzmissbrauch im Auge behalten.

Neuorientierungsphase:
(typisch: mehr Stabilität, Blick nach vorne, aktivere Lebensgestaltung, Freude an neuen Erfahrungen)
- Rückschläge normalisieren,
- Unterstützung durch Gespräche und Reflexion,
- therapeutische Aufarbeitung,
- Ressourcenorientierung,
- Empowerment.

Auf-zu-neuen-Ufern-Phase:
(typisch: Frieden mit der Trennung von der Gruppe, Nostalgiegefühle und Wut sind überstanden, realistische Einschätzung zu der Zeit in der Gruppe, Gefühl von Stärkung, innerer Reifung, tieferes Verständnis des eigenen Selbst, Akzeptanz)
Unterstützung bei
- der Auseinandersetzung mit Glaubensfragen und dem Gottesbild,
- dem Wunsch, anderen zu helfen;
- dem Wunsch, Erfahrungen zu teilen,
- der Stärkung der sozialen Einbindung.

Die Worte einer Aussteigerin – Erste-Hilfe-Kiste

Am Ende möchten wir einer Aussteigerin das Wort geben, die im Rahmen einer »Erste-Hilfe-Kiste« anschaulich zusammengefasst hat, was sie sich gewünscht hätte in der vulnerablen Phase des Ausstiegs:

Wertschätzung, Wertschätzung, Wertschätzung

»Viele Jugendliche, die in extremistischen Glaubensgemeinschaften aufwachsen, erfahren sehr wenig Liebe und Wertschätzung der eigenen Person, ihrer Fähigkeiten und Eigenschaften. Ihre Stärken werden ihnen abgesprochen und ihre Bedürfnisse relativiert.«

Schützen

»Vor der Sekte, vor übergriffigen Klassenkameraden, vor dem Elternhaus. Einen sicheren Ort schaffen und die Person außer Gefahr bringen.«

Selbstschutz

»Wie soll man lernen, für sich einzustehen, wenn man immer unterdrückt wurde? In Sekten hat man keine Identität, man darf keine Person sein, sondern muss sich selbst aufgeben. Auf ihre innere Stimme zu hören und ihre Grenzen wahrnehmen zu können, sind Dinge, die eine betroffene Person nie gelernt hat. Sie muss es mühsam nachlernen. Sie hat vielleicht noch nie zuvor erlebt, dass sich jemand für sie eingesetzt hat und ihr recht gegeben hat.«

Vertrauen

»Ehrlich kommunizieren über die eigenen Grenzen. Sagen, wenn man Verantwortung abgeben möchte oder sich Unterstützung holt, weil die betroffene Person beispielsweise selbstverletzend ist oder in akuter Gefahr schwebt durch ihre Eltern.«

Rechtzeitig Hilfe holen

»Nicht nachfragen, wenn man die Antworten nicht ertragen kann. Sich seiner Grenzen bewusst sein. Viele der Jugendlichen sind traumatisiert, haben psychische und physische Gewalt erlebt und sind absolut verzweifelt. Gewalt wird leider oft relativiert und oder bagatellisiert. Ob aus Überforderung oder aus Unwissenheit. Das ist retraumatisierend und fügt den Betroffenen immer neuen Schmerz zu. Dann lieber Hilfe holen und sich zurückziehen.«

Sich der Spitze des Eisbergs bewusst sein

»Sich der Verschleierungstaktiken von Sekten bewusst sein. Fundamentalistische Freikirchen verwenden sehr viel Energie darauf, den Schein nach außen zu wahren, und sorgen mit aller Gewalt dafür, dass ihre Mitglieder funktionieren. Deswegen ist oft nur sehr wenig über die physische und psychische Gewalt innerhalb der Gemeinde bekannt. Betroffene aus Unwissenheit infrage zu stellen oder zu relativieren, was ihnen passiert ist, hilft niemandem.«

Keine falschen Versprechungen machen

»Es wird besser, aber es ist danach noch nicht gut. Oft bedeutet es für Betroffene, dass sich das Leben auf einen Schlag radikal verändert, ihre Familie sie verstößt und sie ihren Wohnort und ihre Schule wechseln müssen. Lehrkräfte können auch nicht einschätzen, wie es für die betroffene Person weitergeht. Sätze wie: ›Jetzt reden wir mal mit deinen Eltern und dann vertragt ihr euch schon wieder‹ können komplett daneben sein, vor allem wenn physischer Missbrauch im Spiel ist. Dieser passiert leider systematisch in evangelikalen Sekten und ist absolut ernst zu nehmen.«

Kritisches Denken anregen

»Ein fundamentalistisches Glaubenssystem unterdrückt eigenständiges Denken. Zu erkennen, dass man belogen und kleingehalten wurde, ist verdammt schmerzhaft und anstrengend. Geduldig zuzuhören und zum Reflektieren anzuregen, können Wunderwaffen gegen Schwarz-Weiß-Denken sein.«

Sagen, dass du okay bist

»Die Welt steht Kopf, man stellt alles infrage, sich selbst, seine Werte und alles, was man zu wissen geglaubt hat. Es ist okay, mehr Fragen als Antworten zu haben. Aussteigende sind zutiefst verunsichert und brauchen manchmal eine warme Umarmung und ein wenig Sicherheit.«

Schlusswort

> Hinterher ist man meistens klüger ...

Die meisten Eltern wollen es richtig machen, wollen das Beste für ihr Kind. Die Ideen darüber, was Kinder brauchen und was gut ist für Kinder, sind jedoch manchmal sehr verschieden. Kaum ein Kind wächst unter optimalen, lehrbuchartigen Umständen auf, meist scheitern wir als Eltern an der ein oder anderen Stelle, es gelingt uns nicht, alles richtig zu machen und die besten Wachstumsbedingungen zu schaffen. Hinterher sind wir eben meistens klüger und würden einige Dinge anders, vielleicht besser, machen. Und nicht nur Eltern scheitern, sondern auch Institutionen oder Pädagogen, die mit den besten Absichten in ihren Beruf gestartet sind, gelangen an Grenzen und über Grenzen hinaus.

Zu wissen, was Kinder und Jugendliche theoretisch benötigen, ist die eine Sache. Dieses Wissen in die Praxis zu transportieren, mit Situationen adäquat umzugehen, an der richtigen Stelle zu unterstützen und an anderen Stellen loszulassen, ist die andere Sache. Wir alle lernen aus Fehlern, wir lernen aus Situationen, die schiefgelaufen sind, denen wir nicht gewachsen waren, die uns zum Nachdenken gebracht haben. Wir alle waren auch mal Kinder von Eltern, die auch ihre Fehler mit uns gemacht haben.

Theoretisch über Kindererziehung und Bedürfnisse von Kindern, die zwischen den Welten leben, zu schreiben, ist in gewisser Weise einfach. Die Praxis jedoch ist alles andere als einfach. Kindererziehung und der tägliche Umgang miteinander sind komplex, vielschichtig und manchmal gibt es eben nicht nur den einen richtigen Weg. Und dazu kommt, dass uns mit jedem jungen Menschen eine eigene Persönlichkeit begegnet, die in ihrer ganzen Individualität gesehen werden will und für die es eben meist keine Gebrauchsanleitung gibt. Was dem einen nützt, kann dem anderen schaden.

Auch Eltern, die ihrem Kind eine von der Norm abweichende Erziehung zuteilwerden lassen, die vielleicht auf den ersten Blick versagt haben in ihrer erzieherischen Kompetenz und hier teils auf der »pädagogischen Anklagebank« sitzen, sollten dennoch mit einem wertschätzenden Blick betrachtet werden. Selten sind sie gestörte Sadisten, die es böse meinen. Manche sind selbst unter den Einfluss einer Gruppe geraten, fühlen sich nicht mehr frei in ihren Entscheidungen, sind überfordert oder meinten es einfach nur gut. Doch zu vergeben, einen wertschätzenden Blick auf jemanden zu werfen, muss nicht bedeuten, dass keine Kritik geübt werden darf.

Ziel dieses Buches ist es u. a., zu sensibilisieren für das Aufwachsen zwischen den Welten. In dem Spannungsfeld zweier Wertesysteme groß zu werden, kann zu besonderen Situationen für Kinder und Jugendliche führen. Es gibt eben einige Fauxpas und schwierige Situationen, die einen besonderen Blick benötigen. Mit Verständnis und Empathie diese besonderen Situationen im Blick zu behalten, stellt eine wichtige Strategie und auch gesamtgesellschaftliche Aufgabe dar. Letztlich können Pädagoginnen und Pädagogen, Freunde, das Umfeld so zu Brückenbauern zwischen den Welten werden und den Kindern ermöglichen, sowohl in der einen als auch in der anderen Welt heimisch zu sein, ohne Entscheidungsdruck zu erzeugen, ohne abzuwerten oder Fronten zu verhärten. In diesem Sinne hoffen wir mit der Veröffentlichung einen Betrag zum Bau solcher Brücken zu leisten.

Literatur

Antons, K. (2009). Die dunklen Seiten von Gruppen. Alles über Gruppen. Theorie, Anwendung, Praxis. Weinheim: Beltz.
Asch, S. E. (1956). Studies of independence and conformity: 1. A minority of one against a unanimous majority. Psychological Monographs, 70 (9), 1–70.
Bertelsmann Stiftung (2009). Woran glaubt die Welt? Analysen und Kommentare zum Religionsmonitor 2008. Gütersloh: Verlag Bertelsmann-Stiftung.
Birrer, D., Seiler, R. (2008). Gruppendynamik und Teambuilding. In Beckmann, J. (Hrsg.), Anwendungen der Sportpsychologie (S. 311–392). Göttingen u. a.: Hogrefe.
Bundesarbeitsgemeinschaft der Landesjugendämter (2018). Radikalisierungstendenzen bei Kindern und Jugendlichen im Arbeitsbereich der Jugendarbeit. Positionspapier, beschlossen auf der 124. Arbeitstagung der Bundesarbeitsgemeinschaft Landesjugendämter vom 02. bis 04. Mai 2018 in Hamburg.
Bundeskriminalamt (2015). Radikalisierung. https://www.bka.de/DE/IhreSicherheit/RichtigesVerhalten/Radikalisierung/radikalisierung_node.html (08.02.2023).
Bundesministerium für Bildung und Forschung (2019). Wie radikal ist unsere Jugend? https://www.bmbf.de/de/wie-radikal-ist-unsere-jugend-9943.html (08.02.2023).
Burnett, D. (2018). Unser verrücktes Gehirn. Über Blackouts, Aberglaube, Seekrankheit – wie uns das Gehirn austrickst. München.
Call, V., Heaton, T. B. (1997). Religious influence of marital stability. Journal of Scientific Study of Religion, 36, 382–392.
Calmbach, M., Borgstedt, S., Borchard, I., Thomas, P. M., Flaig, B. B. (2016). Glaube und Religion. In dies., Wie ticken Jugendliche 2016? (S. 335–376). Wiesbaden: Springer.
Deutscher Bundestag, Referat Öffentlichkeitsarbeit (Hrsg.) (1997). Enquete-Kommission »Sogenannte Sekten und Psychogruppen«. Zwischenbericht. Bonn.
EKD (2020). Jugendstudien: Wie Jugendliche heute glauben. https://www.ekd.de/jugendstudien-wie-jugendliche-heute-glauben-38016.htm (08.02.2023).
Festinger, L., Irle, M., Möntmann, V. (1978). Theorie der kognitiven Dissonanz. Bern: Huber.
Findeisen, H.-J. (2018). Ergraut auf der Suche nach Erleuchtung. https://www1.wdr.de/radio/wdr5/sendungen/lebenszeichen/jugendsekten-70er-100.html (08.02.2023).

Fischer, H. (2018). Wahrheiten aus der Welt alternativer Wahrheiten. Über Lügen, Sex und Bullshit. Familiendynamik, 45 (2), 120–130.
Fowler, J. (1991). Stufen des Glaubens – die Psychologie der menschlichen Entwicklung und die Suche nach dem Sinn. Gütersloh: Gütersloher Verlagshaus.
Fritsche, N., Puneßen, A. (2017). Zwischen Religionsfreiheit und möglicher Kindeswohlgefährdung. Aufwachsen in salafistischen Familien – Herausforderung für die Jugendhilfe. https://www.bpb.de/themen/infodienst/257455/zwischen-religionsfreiheit-und-moeglicher-kindeswohlgefaehrdung/#node-content-title-1 (08.02.2023).
Gabriel, K. (2006). Rückkehr der Religionen oder fortschreitende Säkularisierung. In Akademie der Diözese Rottenburg-Stuttgart (Hrsg.), Islam 2020. Szenarien für den gesellschaftlichen Dialog zwischen Christen und Muslimen (S. 1–9). https://www.akademie-rs.de/fileadmin/user_upload/download_archive/interreligioeser-dialog/061117_gabriel_religionen.pdf (05.04.2023).
Gericke, C. (1998). Elterliches Erziehungsrecht und die Religion des Kindes. Eine Untersuchung der Bedeutung und Auswirkungen der grundrechtlich geschützten religiösen Einstellungen und Weltanschauungen der Eltern im Rahmen der §§ 1666 und 1671 BGB im 20. Jahrhundert. Frankfurt a. M. u. a.: Peter Lang.
Goede, L. R., Schröder, C. P., Lehmann, L. (2020). Perspektiven von Jugendlichen: Ergebnisse einer Befragung zu den Themen Politik, Religion und Gemeinschaft im Rahmen des Projektes »Radikalisierung im digitalen Zeitalter (RadigZ)«. Hannover: Kriminologisches Forschungsinstitut Niedersachsen e. V.
Gollan, A. (2019). Kinderschutz im Kontext konfliktträchtiger religiöser und weltanschaulicher Erziehungsmethoden. https://sekten-info-nrw.de/information/artikel/recht/kinderschutz-im-kontext-konfliktraechtiger-religioeser-und-weltanschaulicher-erziehungsmethoden (08.02.2023).
Grom, B. (2007). Religionspsychologie (3. Aufl.). München: Kösel.
Hark, H. (1994). Religiöse Neurosen. Neurotisierung durch angstmachende Gottesbilder. In Klosinski, G. (Hrsg.), Religion als Chance oder Risiko. Entwicklungsfördernde und entwicklungshemmende Aspekte religiöser Erziehung (S. 151–158). Bern u. a.: Huber.
Hemminger, H. (2003). Grundwissen Religionspsychologie. Ein Handbuch für Studium und Praxis. Freiburg u. a.: Herder.
Herrmann, S. (2019). Gefühlte Wahrheit. Wie Emotionen unser Weltbild formen. Berlin: Aufbau.
Holm, N. (1990). Einführung in die Religionspsychologie. München u. Basel: Ernst Reinhardt.
Identity Foundation (2006). Jeder siebte Deutsche ein »Spiritueller Sinnsucher«. Repräsentative Untersuchung der Identity Foundation in Zusammenarbeit mit der Universität Hohenheim. Düsseldorf: Identity Foundation.
Ilg, W., Pohlers, M., Gräbs Santiago, A., Schweitzer, F., Otte, M., Schreiner, P. (2018). Jung – evangelisch – engagiert: Langzeiteffekte der Konfirmandenarbeit und Übergänge in ehrenamtliches Engagement. Empirische Studien im biografischen Horizont. Gütersloh: Gütersloher Verlagshaus.

Interministerielle Arbeitsgruppe (2019). 10. Bericht der Interministeriellen Arbeitsgruppe für Fragen sogenannter Sekten und Psychogruppen« in Baden-Württemberg (4. April 2019, Drucksache 16/6046).

Jonas, K., Stroebe, W., Hewstone, M. (2013). Sozialpsychologie. Eine Einführung. Berlin u. Heidelberg: Springer.

Kinderschutz Schweiz (2022). Auswirkungen von Gewalt in der Erziehung. https://www.kinderschutz.ch/gewalt-in-der-erziehung/auswirkungen (08.02.2023).

Klosinski, G. (1996). Psychokulte. Was Sekten für Jugendliche so attraktiv macht. München: Beck.

Könemann, J. (2020). Religionsmündigkeit. https://www.bibelwissenschaft.de/stichwort/200756/ (08.02.2023).

Köppl, E. (1985). Die Zeugen Jehovas. Eine psychologische Analyse. München: Arbeitsgemeinschaft für Religions- und Weltanschauungsfragen.

Kurnaz, B. (2015). Radikalisierungsprävention Islamismus. Anzeichen von Radikalisierung. Das Gesamtbild zählt! (Interviewerin: Frauke König). www.bpb.de/politik/extremismus/radikalisierungspraevention/212160/interview-zu-den-anzeichen-von-radikalisierung-das-gesamtbild-zaehlt (22.06.2021).

LThK – Lexikon für Theologie und Kirche (1986 ff.). Herder: Freiburg.

MacMillan, H. L., Boyle, M. H., Wong, M. Y., Duku, E. K., Fleming, J. E., Walsh, C. A. (1999). Slapping and spanking in childhood and its association with lifetime prevalence of psychiatric disorders in a general population sample. Canadian Medical Association Journal, 161, (7), 805–809.

Mai, J. (2022). Gruppendynamik. Kuriose Team-Fakten. https://karrierebibel.de/gruppendynamik-team/ 08.02.2023).

Mayr, S. (2014). Sekten-Aussteiger über »Zwölf Stämme«: Gedrillt zu willenlosen Jüngern Gottes. https://www.sueddeutsche.de/bayern/sekten-aussteiger-ueber-zwoelf-staemme-gedrillt-zu-willenlosen-juengern-gottes-1.2182771 (08.02.2023).

Meysen, T., Baer, S., Meilicke, T., Becker, K., Brandt, L. (2021). Kindeswohl bei Aufwachsen in islamistisch oder salafistisch geprägten Familien. Orientierungshilfe für Jugendämter. Erstellt im Auftrag des Niedersächsischen Ministeriums für Soziales, Gesundheit und Gleichstellung. Heidelberg: SOCLES.

Milgram, S. (1963). Behavioral study of obedience. Journal of Abnormal and Social Psychology, 67, 371–378.

Noll, W. (1989). Wenn Frommsein krank macht. Planegg: Socio medico.

Oser, F., Gmünder, P. (1984). Der Mensch – Stufen seiner religiösen Entwicklung. Ein strukturgenetischer Ansatz. Zürich u. Köln: Benzinger.

Pohl, S. (2022). Spiritueller Schiffbruch. Sich selbst und anderen in Sinnnot helfen. Göttingen: Vandenhoeck & Ruprecht.

Pohl, S., Dichtel, I. (2021). Alles Spinner oder was? Wie Sie mit Verschwörungsgläubigen gelassener umgehen. Göttingen: Vandenhoeck & Ruprecht.

Quent, M. (2016). Rassismus, Radikalisierung, Rechtsterrorismus. Wie der NSU entstand und was er über die Gesellschaft verrät. Weinheim u. Basel: Beltz Juventa.

Rebenstorf, H. (2017). Die Generation U30 – wie hält sie's mit der Religion? Signifikante empirische Befunde in der V. KMU. In B. Schröder, I. Hermelink, S. Leonhard (Hrsg.), Jugendliche und Religion. Analyse zur V. Kirchenmitgliedschaftsuntersuchung der EKD (S. 45–74). Stuttgart: Kohlhammer.

Reinders, A. (2014). Kinder auf religiösen Abwegen. https://www.familienhandbuch.de/babys-kinder/bildungsbereiche/wertorientierung/kinderaufreligioesenabwegen.php (21.06.2021).

Richards, P. S., Bergin, A., E. (1997). A spiritual strategy for counselling and psychotherapy. Washington DC: American Psychological Association.

Rohmann, D. (2021). Von Experte zu Expertin. In K. Kaufmann, L. Illig, J. Jungbauer (Hrsg.), Sektenkinder. Über das Aufwachsen in neureligiösen Gruppierungen und das Leben nach dem Ausstieg (S. 125–140). Köln: Balance Verlag.

Sandt, F. O. (1996). Religiosität von Jugendlichen in der multikulturellen Gesellschaft. Eine qualitative Untersuchung zu atheistischen, christlichen, spiritualistischen und muslimischen Orientierungen. Münster u. a.: Waxmann.

Schlippe, A. von, Schweitzer, J. (2016). Lehrbuch der systemischen Therapie und Beratung I: Das Grundlagenwissen (2. Aufl.). Göttingen: Vandenhoeck & Ruprecht.

Schowalter, M., Murken, S. (2003). Religion und psychische Gesundheit – empirische Zusammenhänge komplexer Strukturen. In Henning, C., Murken, S., Nestler, E. (Hrsg.), Einführung in die Religionspsychologie (S. 138–162). Paderborn u. a.: Schöningh. https://religionspsychologie.de/inc/download/schowalter+murken2003.pdf?m=1547124917& (24.04.2023).

Schweitzer, F. (2004). Lebensgeschichte und Religion. Religiöse Entwicklung im Kindes- und Jugendalter (5. Aufl.). Gütersloh: Gütersloher Verlagshaus.

Schweitzer, F. (2018). Jugendstudie. »Dass Jugendliche kein Interesse an Religion hätten, ist ein Vorurteil« (Interviewerin: Christiane Florin). https://www.deutschlandfunk.de/jugendstudie-dass-jugendliche-kein-interesse-an-religion.886.de.html?dram:article_id=425716 (08.02.2023).

Spürk, D. (2006). Wie ist die Zugehörigkeit von Eltern/Sorgeberechtigten zu sog. »Sekten« und »Psychogruppen« in Bezug auf Kindeswohlgefährdung einzuschätzen? In Kindler, H. (Hrsg.), Handbuch Kindeswohlgefährdung nach § 1666 BGB und Allgemeiner Sozialer Dienst (ASD) (S. 149–152). München: Deutsches Jugendinstitut.

Stahl, E. (2012). Dynamik in Gruppen. Handbuch der Gruppenleitung. Weinheim u. Basel: Beltz.

Watzlawick, P. (1992). Wirklichkeitsanpassung oder angepasste »Wirklichkeit«? Konstruktivismus und Psychotherapie. In Einführung in den Konstruktivismus (S. 89–108). München: Piper.

Wolf, C. (2012). Konzepte zur Messung religiöser Pluralität. In Pollack, D., Tucci, I., Ziebertz, H.-G. (Hrsg.), Religiöser Pluralismus im Fokus quantitativer Religionsforschung (S. 17–37). Wiesbaden: VS.